新 教師へのとびら

小学校教師の基礎・基本

編 著

群馬大学教育学部附属小学校教育研究会

日本文教出版

はじめに

いままさに「教師へのとびら」を開こうとしているみなさんへ

　教師へのとびらを，今，開こうとしているみなさんへ，私たち執筆者は，まずもって，みなさんを心から歓迎したいと思います。そして，本書を手にとったみなさんが，一人でも多く，教育の世界に進まれることを願っております。

　教育という仕事は，とても大切な仕事です。しかし，人を育てることは難しく，簡単に人の師になることはできません。私たちは教員採用試験に合格すれば，教室の子どもたちの前に教員として立つことができます。でも，子どもたちの前に立った瞬間に，先生になれるわけではありません。先生とは，子どもたちから，そして，同僚の教員たちや父兄のみなさん，あるいはもっと広く地域のみなさんともいうべきでしょうか，そんな，みなさんを取り巻くすべての人々たちから，尊敬の念をもって，「先生」と呼ばれてこそ，人は，誰かの先生になることができるのです。ですから，先生を育てるということは，子どもたちを育てるのと同じくらい，あるいはもっと長い年月が必要かも知れませんが，簡単にできることではありません。

　教育という仕事は，まず，教師を育てることから始まります。例えどのような優れた環境を用意しても，校舎も机も教科書もない野原の上で行われる優れた教師の静かな語りに勝る授業をするのは，並大抵のことではありません。これから教員を目指すみなさんにお願いしたいこと，それは，一にも二にも，自分磨きです。自分を磨くことには，当然，知識や経験を積み重ねることも含まれています。人間性が大切だとしても，広い見識がなければ，ただのお人好しにしかなれないのです。

　教育はテクニックではありませんが，最低限，自分が担当する授業が成立していなければ，教育のプロにはなれません。ですから，これから教師を目指すみなさんは，教育実習において，どのように教材研究を行い，どのように指導案を書き，どのように授業をすればよいのかという最低限の事柄を身に付ける必要があります。私たち執筆者は，そうしたみなさんたちへの応援団として，教育実習生用の手引き書となることを目的に本書を編纂いたしました。教育のプロになるためには，抽象的な議論を卒業して，具体的な問題の1つ1つに瞬時の解答を出せる力を身に付けなければなりません。教員の仕事は，まさに，意思決定の連続だからです。そして，私たちの仕事は，常に現実的な問題の解決です。抽象的な議論として，いかにすれば思考力・判断力・表現力が付くのか，いかにすれば生きる力は育まれるのかという問題を議論するのではなく，目の前で生きている「○○くん，△△さん」が抱える問題として，その子どもたちとともに，最善の方策を考え，それを具体的な手立てとして，子どもたちの教育にあたらなければならないのです。

　みなさんが教育実習を経験することで，おそらく，大学での学びの意味が180度転換されることだと思います。それは，実際に子どもたちと接することで感じ始める，教育の難しさと奥深さを理解し始めている証拠だと思います。多くの知識と経験を積み込んでください。みなさんが大学や教育実習の場で学んだ知識や経験は，きっとみなさんを助けてくれるはずです。教育という現象は，誰にでも見えるものではありません。授業を参観しても，その中でどのような授業が行われているのかは，観る人の教育への思いの深さによって変わってしまいます。みなさんの教師としての直観力を高めてください。なぜならば，私たちが子どもたちを相手にする時，私たちは，常に瞬時の意思決定を求められるからです。プロとしての直観は，素人の直感とは全く異なるものであるはずです。

　最後に，教師のとびらを開こうとしているみなさんへ，みなさん自身が教師になる意味について考えて欲しいと願っています。教師は，代替不可能な仕事です。他ならぬ，あなたが子どもたちの前に立つ意味を考えてください。子どもたちに何を語りたいのか，自分自身のよさを見つけてください。あなたの教育観を磨くこと，これこそが，みなさんが「先生」と呼ばれるために，みなさんがやるべきことだと思います。本書が，そんなみなさんの努力に少しでもお役に立てることを祈念しています。一緒に頑張りましょう！

学校長　江森　英世

目次

はじめに 3
目次 4

第1章　教育実習の概要　　　　　　　　　　　　　　　　　　　　7

Ⅰ　教育実習の目的 9
Ⅱ　教育実習上の心得 10
　1　教師としての自覚 10
　2　勤務に関する基本事項 10
Ⅲ　教育実習中の生活 12
　1　週予定表と校時表 12
　2　1日の生活 14
Ⅳ　事前指導 16
　1　事前指導の内容 16
Ⅴ　本実習 18
　1　学習参観 18
　2　実習録 19
　3　学習指導 21
　4　研究授業 23

第2章　学校経営・学級経営　　　　　　　　　　　　　　　　　25

Ⅰ　小学校教育の本質 26
　1　小学校教育の目的・目標 26
　2　小学校教育の基本 26
　3　小学校教育の特徴 26
　4　教育課程の編成・実施 27
　5　小学校教師に求められる資質 27
　6　小学校教育をめぐる課題 27
Ⅱ　学校経営と附属小学校 28
　1　附属小学校の経営の基盤 29
　2　附属小学校の教育目標 29
　3　附属小学校の教育方針 29
　4　附属小学校の経営の重点 30
　5　附属小学校の学校運営組織 31
Ⅲ　学級経営と担任の役割 34
　1　担任の役割 34
　2　児童理解の心構え 34
　3　学級集団の育成 35

4　教室環境の整備 ……………………………………………………………… 35
　　5　授業時間外の活動 …………………………………………………………… 35
　　6　家庭, 地域との連携・協力 ………………………………………………… 36
　　7　学級の事務 …………………………………………………………………… 36
　　8　その他 ………………………………………………………………………… 36
　Ⅳ　児童の発達と理解 …………………………………………………………… 37
　　1　児童の発達 …………………………………………………………………… 37
　　2　児童理解 ……………………………………………………………………… 38

第3章　生徒指導・その他の教育活動 …………………………………… 41
　Ⅰ　生徒指導 ……………………………………………………………………… 42
　　1　生徒指導の意義 ……………………………………………………………… 42
　　2　生徒指導の目標 ……………………………………………………………… 43
　　3　生徒指導の内容 ……………………………………………………………… 43
　　4　生徒指導の原理・方法 ……………………………………………………… 44
　Ⅱ　人権教育 ……………………………………………………………………… 46
　　1　人権教育の目標 ……………………………………………………………… 46
　　2　人権教育の内容 ……………………………………………………………… 46
　Ⅲ　学校保健 ……………………………………………………………………… 48
　　1　学校保健の概要 ……………………………………………………………… 48
　　2　保健教育・保健管理の進め方 ……………………………………………… 48
　　3　保健室の利用 ………………………………………………………………… 50
　　4　学校で行う救急処置活動 …………………………………………………… 50
　　5　救急処置活動の流れ ………………………………………………………… 51

第4章　学習指導 …………………………………………………………………… 53
　Ⅰ　学習指導 ……………………………………………………………………… 54
　　1　学習指導の原則 ……………………………………………………………… 54
　　2　学習指導の計画 ……………………………………………………………… 55
　Ⅱ　教材研究と学習指導案 ……………………………………………………… 56
　　1　教材研究 ……………………………………………………………………… 56
　　2　学習指導案 …………………………………………………………………… 58
　Ⅲ　学習指導の実際 ……………………………………………………………… 60
　　1　学習指導の過程とその意味 ………………………………………………… 60
　　2　学習指導の形態・方法 ……………………………………………………… 61
　　3　学習指導の技術 ……………………………………………………………… 63
　Ⅳ　研究授業 ……………………………………………………………………… 68
　　1　研究授業の意義 ……………………………………………………………… 68
　　2　研究授業に関わる役割 ……………………………………………………… 69
　　3　学習指導の見方 ……………………………………………………………… 70

第5章　各教科等の特色と指導案の書き方 ……………………………………… 73
　1　国語科 …………………………………………………………………………… 74
　2　社会科 …………………………………………………………………………… 82
　3　算数科 …………………………………………………………………………… 90
　4　理　科 …………………………………………………………………………… 98
　5　生活科 ……………………………………………………………………………106
　6　音楽科 ……………………………………………………………………………114
　7　図画工作科 ………………………………………………………………………122
　8　家庭科 ……………………………………………………………………………130
　9　体育科 ……………………………………………………………………………138
　10　道　徳 ……………………………………………………………………………146
　11　外国語活動 ………………………………………………………………………154
　12　総合的な学習の時間 ……………………………………………………………162
　13　特別活動 …………………………………………………………………………170

巻末資料 …………………………………………………………………………………178
あとがき …………………………………………………………………………………191

第1章

教育実習の概要

I 教育実習の目的

　教育実習は，教職を希望する学生が，教育の現場において，児童及び教職員とのふれ合いを通して，教師として必要な知識や能力を培うことを目的としている。
　この目的を目指した具体目標として，次の3点があげられる。

(1) 教育目標を達成するために，その基礎となる児童の発達特性に応じた要求や特性を捉え，適切な指導に努力しながら，児童への理解と愛情に基づく人間関係を形成する。

(2) 学部で学修して得られた成果を統合しながら，学校教育の実践を通じて，教育目標の具体化を図り，指導上の課題を的確に捉え，研究と指導の力量を高める。

(3) 教育現場での体験を通して，教育の社会的役割を捉えるとともに，教職への自覚と自己の資質・能力の形成への意欲と態度を形成する。

　教育現場における教師には，高度な専門的能力が要求される。この教師としての必要な能力は，教職に就く以前の準備段階において，児童への影響を考慮しつつ最低限度は修得しておかなければならない。

第1章 教育実習の概要

II 教育実習上の心得

　教育実習においては，現場における様々な体験を通して，教育についての深い理解と強い熱意を培い，よりよい教育者となるよう成長する努力をしなければならない。しかし，実習生といえども教員同様，児童に与える影響は大きいものがある。そのため，大学あるいは実習校の注意事項を守り，積極的かつ慎重に行動するようにしたい。

1 教師としての自覚

　子どもを育てることが教師の仕事である。子どもは教師から大きく影響を受けることを認識し，服装・態度・言葉遣いを教師としてふさわしいものにすること。特に，頭髪を着色している者は元の色に戻すこと。また，男子で長髪にしている者は，短髪にすること。

2 勤務に関する基本事項

(1) 出勤時刻は午前8時25分，退勤時刻は午後7時30分までとすること
　・余裕をもって出勤し，子どもとの交流がもてるようにすること。
　・やむを得ず，欠勤，遅刻，早退をする場合には，速やかに担当教諭及び学部に届け出ること。

(2) 学校への自家用車の乗入れ，また，学校周辺への無断駐車・路上駐車は厳禁とすること
　・事前に，通勤方法を届け出ること。
　・学校周辺の店舗や施設を利用して送迎を行わないこと。

(3) 行事や時間割を把握し，計画に従って規則正しく行動すること
　・実習に関わる資料，計画表，連絡黒板には，必ず目を通すこと。
　・定められた時刻を守り，行動すること。

(4) 公務員は，「職務上知り得た秘密は，これを漏らしてはいけない」とされているが，実習生もこれと同様と心得ること

(5) 校外での個人的な児童との接触は厳に慎むこと

(6) 以下の遵守事項を守ること
　①出勤後ただちに教生控室の出勤簿に捺印（朱肉使用の印鑑で）すること。
　②名札を常時着用すること。
　③教育現場にふさわしい身だしなみ，態度で臨むこと（スーツの着用，運動時は華美でない服装）。
　④学習参観は，その授業の妨げにならないように努め，私語は厳に慎むこと。

⑤校教具は，大切に扱うこと。
⑥常に，校内での所在を明らかにしておくこと（担任教諭に連絡をする）。
⑦個人の物品は，自学級のロッカーに置いておくこと。
⑧教生控室の整理・整頓に心がけること。
⑨コピー機・印刷機を使用する場合は，教生用のものを使うこと。
⑩教生は拡大コピー機を使用することができない。使用する場合は担当教諭が代わって行う。
⑪校内に設置してあるパソコンは，原則として使用禁止とする。
⑫他学級への参観は，前日までに，担任教諭，並びに授業教諭の許可を受けてから行うこと。
⑬給食時以外の飲食は禁止とする（水筒等による水分補給は除く）。
⑭校内での喫煙は禁止とする。

(7) 教生日直を行うこと

①教育実習の期間，学級単位で1学級ずつ，低学年から順番に行う。
②教生日直はその日の実習委員日直（教諭）と連絡をとり，日直の仕事に取り組む。
③日直の主な仕事内容は，次のとおり。
・教生控室の整理・整頓。
・教生日誌の記載と提出（退庁は，実習委員日直の許可を得る）。

(8) 学習指導にあたっての注事項意を守ること

①学習指導をする前に，十分に教材研究をして，指導案を作成し，事前に担当教諭あるいは専科教諭の指導を受けること。
②板書等の文字については，常に正確に正しい筆順になるように心がけること。また，言葉遣いにも十分気を付け，児童の呼び方にも留意すること。
③効果的に教材・教具を活用することはよいが，実習校の教材・教具を利用する時は，指導教諭に申し出て，その許可を得ること。また，その返却についても責任をもって行うこと。

(9) その他

①携帯電話の使用は禁止とする。
②万一，外出する場合は，指導教諭の許可を受けること。
③金銭，貴重品は，各自の責任において保管すること。
④自転車，バイクは，北校舎西側の自転車置き場に置くこと。
⑤教生就務式，解務式の代表挨拶は，5分以内とすること。

＜教生就務式＞

＜担任教諭との打ち合わせ＞

第1章 教育実習の概要

III 教育実習中の生活

1 週予定表と校時表

附属小学校での教育実習は，9月から10月にかけて5週間行われるが，この期間は，附属小学校の教育課程に基づいて作成されている週予定表や校時表に従って実習を行うことになる。

(1) 週予定表

附属小学校の週予定表は，次のようになっている。学年によって，また曜日によって何時間目まで学習するのかが決まっている。教育実習中も，原則としてこの週予定表に沿って実習を行うことになる。朝の活動についても，曜日によって，また週によって異なる。実習期間中は，週末に各担任教諭から配付される「学習予定表」を見て，確認する必要がある。

曜日	校時 朝の活動	1	2	3	4	5	6	7	（諸会議）
月	全校朝会 学年朝会								安全点検 カリキュラム管理
火	朝の会							児童会	教務会
水	職員朝会 学習の時間	休み時間			給食・休憩	清掃			学年会
木	運動朝会 児童朝会							クラブ	教員会議 研究企画委員会
金	おはよう活動 （異年齢集団活動）								委員会・部会等

※第1学年は，すべて5時間とする。
※第2学年は，火曜日・水曜日を6時間，他を5時間とする。
※第3学年は，月曜日・木曜日を5時間，他を6時間とする。
※第4学年は，すべて6時間とする。
※第5・6学年は，火曜日を7時間，他を6時間とする。

＜学年朝会＞

＜おはよう活動＞

(2) 校時表

　子どもたちは，以下に示す校時表の時間に沿って，1日の生活を送る。火曜日は7校時に児童会活動が位置付いているため，朝の活動を行わない。また，金曜日は朝の活動として「おはよう活動（異年齢集団活動）」が位置付いているため，朝の活動の時間が長くなっている。その分，休み時間が10分になっている。

	通常校時	火曜校時	金曜校時
登校時間	7：30～8：25		
朝の活動	8：30～8：45		8：30～8：55
朝の会	8：45～8：55	8：30～8：40	8：55～9：05
第1校時	8：55～9：40	8：40～9：25	9：05～9：50
第2校時	9：45～10：30	9：30～10：15	9：55～10：40
休み時間	10：30～10：45	10：15～10：30	10：40～10：50
第3校時	10：45～11：30	10：30～11：15	10：50～11：35
第4校時	11：35～12：20	11：20～12：05	11：40～12：25
給　　食	12：20～13：10	12：05～12：55	12：25～13：15
清　　掃	13：10～13：30	12：55～13：05	13：15～13：35
休　　憩	13：30～13：50	13：05～13：25	13：35～13：50
第5校時	13：50～14：35	13：25～14：10	13：50～14：35
第6校時	14：40～15：25	14：15～15：00	14：40～15：25
帰りの会	15：25～15：40	15：00～15：15	15：25～15：40
第7校時		15：20～16：00	
下校時刻	（1・2年）　（3～6年） ※ 4月～10月　　16：00　　16：25 ※11月～ 3月　　16：00　　16：15		

＜給食中の様子＞

＜休み時間の様子＞

第1章 教育実習の概要

2 1日の生活

　実習生は，朝8時25分までに出勤する。しかし，余裕をもって1日の生活を送るためには，早めに出勤し，指導案を提出したり，学習指導等の準備をしたり，子どもたちとふれ合ったりすることが大切となる。

　出勤後は出勤簿に捺印することになっているので，忘れないようにする。その際，連絡事項が黒板に書かれていたり，「教育実習便り」を受け取るようにとの指示が出ていたりすることもあるので気を付ける。出勤後は，前述の通り，配属学級で過ごすことになるが，担任である指導教諭の指示を細かく仰ぐようにすることが大切である。

(1) 朝の活動

　1日の生活は，「朝の活動」から始まる。朝の活動は，全校朝会や学年朝会，おはよう活動等，第何週の何曜日かで異なる。教師が主導で行う活動もあれば，児童が主体となって行う活動もある。

曜日	朝の活動	主な活動内容
月曜日	全校朝会	校長及び副校長等の話の他，全校児童を対象にした連絡や指導，または表彰等を行う。
月曜日	学年朝会	学年を単位として，生徒指導的な活動や学年内の児童の親睦を深める活動等を計画的に行う。
水曜日	読み聞かせ	保護者ボランティアの方の読み聞かせを聞く。
水曜日	朝学習の時間	学習の基礎的・基本的事項の習熟を目的とし，ドリル等を計画的に行う。
水曜日	読書の時間	興味のある本を読む時間として活用し，本に親しむ活動を計画的に行う。
木曜日	児童朝会	児童会の集会委員会を中心として企画し，全校児童を対象にして，児童会活動の紹介をしたり，みんなで楽しめる活動をしたりする。
木曜日	運動朝会	体育部の教諭が中心となり，全校児童を対象にしたラジオ体操や行進練習，単縄・長縄等の運動を行う。
金曜日	おはよう活動	異年齢集団活動の主たる活動として，担当教諭の指導の下，旗グループごとに活動内容を工夫して行う。

(2) 朝の会

　朝の会では，学級の日直が司会を行う。日直がスピーチをしたり，その日の「活動のめあて」を決めたり，各係からの連絡等を行ったりする。実習生も輪番で担任の役割をもつことになっているので留意する。指導教諭との連絡を密にとり，同一歩調で指導にあたることが大切である。「その日の連絡事項の伝達」「1日を始めるにあたっての言葉」「健康観察や生活指導を行う」等が主な仕事となる。

(3) 参観・参加，学習指導

　授業を参観する際には，教師が提示する教材や発問，板書の仕方等を学び，実習録に記録することが大切となる。また，授業中でも子どもたちのそばに行って，一人一人の様子を細かく観察することが必要となる。さらに，実習も後半になると，配属学級だけではな

＜学習参観の様子＞

く，他学年の実習生の授業を参観することもできる。指導教諭とよく相談して決めるようにする。

なお，実習中は，授業を参観する時数が決められているので，指導教諭の了解を得れば，授業を参観せずに，教生研究室等で教材研究を行うこともできる。

(4) 休み時間，昼休み，放課後の活動

休み時間や昼休み，放課後の時間は，原則として子どもたちと一緒に過ごすことになっている。安全面に留意して，できるだけ校庭で活動するようにする。子どもたちと過ごす時間が多いほど児童理解も深まることになる。

実習生に対して，「一緒に遊ぼう」と，自分から積極的に声をかけられる子どもがいる反面，なかなか自分からは声をかけられない子どももいる。そういう子どもたちにも目を向けて，一緒に活動できるように配慮していくことが大切である。

(5) 給食指導・歯磨き指導

給食の時間になると，給食当番の子どもたちが準備を始める。給食当番は輪番なので，実習生はエプロン等の身支度をして，子どもたちと一緒に準備を行う。給食当番以外の子どもたちには，座って待つように指導しているので，子どもたちが出歩いていたり，余計なおしゃべりをしてきたりしても，けじめのある指導ができるようにする。給食の準備の仕方や後片付けの仕方は学級によって異なるので，指導教諭の指示を仰ぐ。

給食後は，歯磨き指導を行うので，実習生も忘れないように準備する。

＜給食指導＞

(6) 清掃指導

子どもたちと一緒に清掃しながら指導を行う。子どもたちはスモックを着て清掃を行うので，実習生はエプロン等を着用して，子どもたちの身支度や清掃の仕方を指導する。清掃終了時には反省会を行うので，ここでも指導にあたる。

(7) 帰りの会

1日の学校生活を締めくくるのが，帰りの会である。帰りの会も日直が司会を行うが，朝の会同様に，実習生も輪番で担任の役割をもつことになっている。次の日の連絡事項を伝えたり，配布物を配ったりする。また，子どもたちの1日の生活の様子から，称賛の言葉をかけたり，反省を促す話をしたりと，指導者として，子どもたちが次の日も元気に登校できるような配慮を必要とする。

(8) 下校指導

放課後は，たくさんの子どもたちが友達と誘い合って校庭で遊んでいる。学校のルールをしっかりと身に付けること，時間を守ることの大切さ等を指導する上でも，下校時刻をしっかりと守れるよう指導している。下校指導は実習生も行い，積極的に声がけをする等，必ず下校時刻が守れるよう指導にあたること。

＜帰りの会の様子＞

Ⅳ 事前指導

事前指導では，附属小学校で実習を行う上で必要な知識や，実習への取り組み方，実習中に行う学習指導教科の決定，子どもたちに接する上での留意事項等，多岐にわたる指導が行われる。

1 事前指導の内容

(1) 指導講話

教育実習を行う上で必要となる基礎的な内容を，附属小学校の教諭が解説する。具体的には本書「第2章　学校経営・学級経営」に示してある「附属小学校の経営と特色」「学級経営と担任の役割」等で詳しく解説されているので，実習録に記録を取りながら講話を聞くようにする。

(2) 担任・専科教諭との打ち合わせ

事前指導では，担任専科教諭との打ち合わせも行う。内容は次のとおりである。

- 実習への心構えについて
- 学習指導の教科，授業日時の決定（個人別計画表作成）
- 指導書の配布（借用書に記入し，担任に提出）
- 児童名簿，基本校時表の配布
- 学級の子どもの実態や学級経営の概略について　等

＜担任教諭との打ち合わせ＞

(3) 教育実習指導資料の配布

担任教諭との打ち合わせで，実習期間中どの教科の学習指導を行うかを決定する。附属小学校では実習生が学習指導を行うことのできる教科等名とその内容を学年毎に「教育実習指導資料」としてまとめているので，担任教諭の指導の下，自分で指導を行う教科等と学習内容を決めることになる。なお，学年によっては，実習生が学習指導を行うことができない教科があるので留意する。

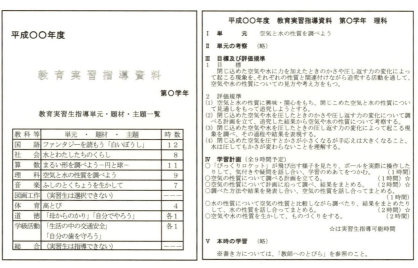

＜教育実習指導資料＞

(3) 教育実習個人別計画表の作成

実習中の指導教科と内容が決まったら，担任教諭の指示を受けて次に示す「教育実習個人別計画表」を作成し，計画的に準備が進められるようにする。なお，本実習では，指導案を作成して学習指導を行う。教科等が決まったら，本実習までに指導案を作成しておけるとよい。

<教育実習個人別計画表>

(4) 書類の提出

事前指導では，次の書類を受け取り，本実習初日に提出することになっている。

①教科書等借用書

実習期間中，担任教諭から指導書等を借用することになるので，教科書等借用書に記載した物については，個人で責任をもって管理する。教科書等借用書は，実習終了後，借用した指導書等が返却され次第，実習生に戻される。

②緊急連絡カード

実習期間中，万が一体調を崩したり，事故が起こったりした場合のために，緊急時の連絡先やかかりつけの病院などを報告する。このカードは，保健室で管理され，他の人が見ることはない。

③通勤方法，並びに駐車場借用報告書

実習期間中，実習生の通勤方法を把握することが目的である。通勤に自家用車を利用する場合，附属小学校に乗り入れることができないことから，どこに自家用車を駐車しているのかまで，詳しく記載する。

なお，附属小学校では駐車場の紹介は行っていないので，実習生が最寄りの店舗等と直接交渉して駐車場を借用する。

第1章 教育実習の概要

V 本実習

1 学習参観

　学習参観は，講話や演習を通じて獲得した児童の成長発達の理論を，現場の教育活動を見ることによって実際に確かめることである。その主な目的は，児童の理解にある。また，教育活動をしている教師の諸活動も観察の対象になる。

(1) 示範授業参観

　実習初日から3日間，配属された学年の教諭が教科毎に示範授業を行うので，学年の実習生は全員参観する。そのうち1時間は，「学年別示範授業」として，指導案（略案）が提示されるので，指導案を見ながら授業を参観する。

(2) 配属学級の学習参観

　実習中は，基本的に配属学級の学習指導を参観することとなる。ただし，運動会等の練習や学年行事等では必要に応じて学習指導へ参加をする場合もあるため，事前に担任や専科教諭と打ち合わせを行い，確認をするとよい。

＜学習参観＞

(3) 他学年の学習参観

　実習中，児童理解や多様な指導方法の理解を目的として，他学年の実習生の授業を参観することができる。その場合，教員室前に掲示してある，「実習生学習指導一覧」から，参観したい学級を決め，担任教諭にその旨を話す。その後は，担任教諭の指示に従って参観するようにする。

(4) 児童会活動・クラブ活動の参観

　附属小学校では，毎週火曜日の7校時に児童会活動，毎週木曜日の6校時にクラブ活動が位置付いている。児童会活動としては，各学級の代表委員や各専門委員会の委員長が集まり，生活上の諸問題を話し合う「学校委員会」や，各専門委員会毎に活動を行う「専門委員会」，異年齢集団活動である「おはよう活動」の内容を考える「おはよう活動計画づくり」がある。

(5) 特別支援学校の参観

　実習期間中，実習委員会が指定する日時に，特別支援学校の子どもたちの様子を参観する。担任教諭の指示を受けて参観する。

2 実習録

　実習中は，教育実習中の事実や感想を記述することを通して，子どもや授業に対する見方や考え方を深めていくためのものである。実習録は，準公簿の扱いとなるので，黒のボールペンか万年筆を使用して記述する。大学ノート（A4判）を用意し，講話内容や参観授業等の事実や感想をできるだけ詳しく記述する。また，指導教諭から提出を求められた時には提出する。

(1) 指導講話の記録

　指導講話は，実習に必要な基本的知識や基本的態度等についての内容であり，講話主題，教諭名を明記して記録を充実させ，実習に生かしていけるようにする。

＜全体での指導講話＞

(2) 参観授業の記録

　参観授業の記録は，例に示したように学習の流れに従って，教師の活動と児童の活動の客観的な事実を記入するとともに，所見欄には参観した感想や自分なりの考えを記入する。特に，所見欄は自分自身の授業構想にもつながることであるので大切にしていく。学習活動において工夫されているところや，自分なりに考えた指導方法や支援の仕方等，詳しく記述する。

(記入例) ○月○日（○）第○校時　　○○科		指導者○○○○教諭（教生）
教師の活動	児童の活動	所　見
○示範のビデオを見せて「この跳び方を見て自分の跳び方とどんなところが違いますか」と発問する。	・示範のビデオを真剣に見ている。 ・2人の児童が「かっこいい」「きれいに跳べている」と発表する。	・示範のビデオの活用は，自分の跳び方を高めるために効果的だと思う。また，ビデオを見せる時に，自分の跳び方と比較させているので見る観点がはっきりとした。
☆教師の発問を中心に，学習内容について記録する。	☆児童の発言・反応や様子等を，事実に基づいて記録する。	☆児童の動きや教師の支援等で感じたことや意見を書き，自分がその授業をどのように見たり，考えたりしたのかを明らかにする。

(3) 児童観察の記録

　参観授業の記録だけではなく，休み時間や給食，清掃時，放課後等で見られる子どもたちの様子についても観察し，実習録に記述することが大切である。児童理解を深めることができるとともに，実習中の授業づくりにも役立つことになる。

(4) 授業研究会及び打ち合わせの記録

　実習中，実習生が授業を行った際には，配属学級の実習生で授業研究会を行う。授業研究会には，実習録に記入した事実をもって臨み，授業について気付いたことや自分なりに考えたことを発表する。また，指導教諭からの指導事項についても記述し，次に行う授業が改善されるよう努める。また，実習期間中は日常的に指導教諭から連絡事項や指導事項が伝えられる。細かいことでも実習録に記述しておく必要がある。

第1章 教育実習の概要

(5) 1日の反省，1週間の反省

1日の生活を振り返って，学んだことやこれからの実習に生かしていきたいこと等を，1日の反省として記述する。自分が指導した授業の反省や1日の反省を記入することで，次の授業や翌日の実習に生かせるようにする。

また，1日の反省を基に，1週間を通しての感想や意見を記入する。次の1週間に向けての課題をはっきりともって，記入するようにする。

(6) 実習を振り返って

教育実習を振り返っての感想を書く。実習で何を学ぶことができたのか，実習前と実習後で何が変わったのか，これからどんな生活を送っていくのか等，詳しく記述する。

(7) 子どもたち一人一人の所見

配属学級の子どもたち一人一人について，実習を通して自分なりに理解した子どもの長所を中心に記述する。実習によって，配属学級の子どもたちに対する児童理解が深まったかどうか，実習生の記述からみとることができる。

(8) 個人別記録表

実習の記録を，「個人別記録表」に記録する。個人別記録表は，実習中にどのような講話を聞き，学習指導を参観したのか等を記録として残すものである。計画的に実習を行う上でも正確に記録することが大切である。

<教育実習個人別記録表>

3 学習指導

　学習指導は，これまで大学で学んできた理論を基に，子どもたちの実態，指導講話，教師の示範授業等から，自分なりの指導法を考えたり，実践を通してよりよい学習指導の在り方について検討したりすることを目的としている。学習指導の時数は，5週間の実習期間に3時間行うことになっている。どの教科を何時間指導するかは，先に述べた「事前指導」で決めることになっている。小学校の教育実習であることから，実習生の専門教科に偏ることなく，様々な教科を選択することが望ましい。

(1) 事前準備

①学習指導案の作成

　学習指導案は，全案を1つ作成し，残りの学習指導では略案（Ⅱの考察を省いたもの）を作成する。略案では，「考察」を省略するが，これは記述を略しているということだけであって，指導にあたり必要な内容については，指導教諭に説明をできるようにしておかなくてはならない。

　学習指導案を書くための基本的な考え方や留意事項，具体的な書き方については，第5章「各教科等の特色と指導案の書き方」を参照する。

②発問計画の作成

　実習生は，学習指導を行う際に，学習指導案を提出するのに合わせて，発問計画を提出する。発問計画は，授業の流れに沿って，どの場面で，どのような発問をするのかが分かるように，具体的に作成する。

○発問計画「円をくわしく調べよう」（8時間目／全12時間）

発　　　問	予想される子どもの反応	時間
○前の時間はどのようなめあてで学習を進めたかな。 ○そうだね。円を平行四辺形や三角形に変えて面積を求めたよね。では，今日はそれらを発表してもらいますが，どういうことができるといいのかな。 ○そうだね。平行四辺形の面積の求め方はどう求めるのかな。 ○三角形は。 ○円の面積の求め方だけど，どうしたい。 ○みんなの考えたように言葉の式にできるといいね。	○「16等分した円を使って，円を平行四辺形や三角形などの形にし，面積の求め方を考えよう」というめあてで勉強しました。 ○平行四辺形や三角形と同じように円の面積の求め方が分かるようになりたいです。 ○（底辺）×（高さ）で求められました。 ○（底辺）×（高さ）÷2です。 ○平行四辺形と三角形のように，言葉の式にできるといいと思う。	5分

＜発問計画例＞

③板書計画の作成

　板書は，1時間の授業の組み立てを構造的に書いたものである。つまり，板書計画を立てることは，本時の学習の展開を学習指導案に書くのと同じ意味をもつということである。また，板書は，最も効果的な視覚教材の一つでもある。学習内容を的確に，分かりやすく伝えることのできる機能をもつからである。

第1章 教育実習の概要

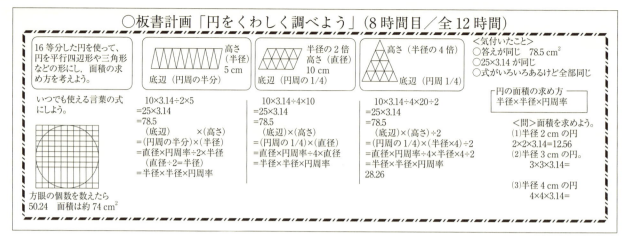

<板書計画例>

④教材・教具の作成

　教材や資料は多様であるが，中心となるのは教科書である。国語の場合等はもとより，他の教科の学習でもよく使われるものである。ただし，教科書を使う時にも，「教科書を教える」という意識ではなく，あくまでも「教科書で教える」ということを考えていかなければならない。

　学習指導で活用できる教材・教具としては，次のものがあげられる。

- ・実物　・標本　・スライド　・映画　・VTR　・写真　・クラフ等の資料　・絵
- ・見学資料　・子どもたちの作品　・立体模型　　等

⑤空授業の実施

　学習指導を行う2日前に空授業を行い，自分で立てた計画に無理がないか，また不明瞭な点がないかを確認する。空授業では，これまでに述べてきた「学習指導案」「発問計画」「板書計画」「教材・教具」を基に，実際と同じように授業を行う。同じ学級に配属された実習生や指導教諭とともに，問題点を話合い，よりよい授業実践に努めなければならない。

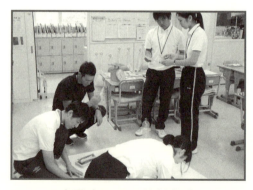

<実習生による教材作成>

(2) 事後指導

①授業研究会

　実習生が授業を行った際には，各学級で授業研究会を行う。授業を行った実習生は授業説明を行い，授業を参観した実習生からの質問も受ける。その後，授業の内容や進め方，教師の支援の在り方等について討議を行い，実習生同士で授業力を高められるようにする。指導教諭からの指導もあるので，今度の授業づくりに生かせるようにする。

<授業研究会>

4 研究授業

　教育実習における「研究授業」とは，本実習を通して学校の教育活動に関わる中で身に付けた資質，技能を，学校における教育機能の中核をなす「授業」を通して，その成果を実習生が示す場である。教育実習のまとめとして，各学年の代表の実習生が授業を公開し，同学年に属する教諭及び実習生が参観する。さらに，学校長，副校長，教務主任，学部の教員が加わる。それまでに実践した授業の反省を生かし，実習生が総力をあげて教材研究や指導案作成にあたり，よりよい授業を目指して行う。よって，研究授業に臨む際には，授業そのものを改めて見直す必要がある。詳しくは第4章「学習指導」を参照すること。

(1) 研究授業の事前での役割分担

①指導案配布・印刷
　授業者が作成した指導案を印刷し，綴じ込みを行う。その後，全教員に配布する。

②事前説明会での司会
　研究授業を行う前に，授業者による指導案についての説明会を行う。その際，質疑を通して，研究授業を参観するものが視点を明確にして臨むことができるようにする。

③事前説明会での記録
　事前説明会での，授業者による指導案説明ならびに質疑の様子を記録し，授業者が研究授業に臨む際に明らかにすべき点や課題点等を捉えて授業づくりができるように補助する。

(2) 研究授業での役割分担

①授業記録（教師の様子）
　授業中の発問や子どもとの関わり等，主に教師の様子について授業の時間の流れに沿って記述する。これは，授業後の研究会の資料として活用する。

②授業記録（子どもの様子）
　授業記録（教師の様子）と同様に，発言や活動の様子等，主に児童の様子について授業の時間の流れに沿って記述する。

(3) 研究授業後の役割分担

①授業研究会での司会
　事前説明会の司会と同様に会の流れを明示しておくとともに，進行では授業研究の観点をしぼり，予想される問題を検討，考察しておくことが大切である。また，最後に，本校教諭，学部の教員に指導講評を仰ぎ，今後の授業研究の課題を明確にする。

②授業研究会での記録
　事前説明会の記録と同様に，授業研究会で討議されたり，指導講評で話されたりした内容を記録にとり，実習生が今後の授業研究に生かすことができるようにする。

＜実習生による学習指導＞

＜授業参観の様子＞

第2章

学校経営・学級経営

第2章 学校経営・学級経営

I 小学校教育の本質

1 小学校教育の目的・目標

学校教育法29条:「小学校は,心身の発達に応じて,義務教育として行われる普通教育のうち基礎的なものを施すことを目的とする」

学校教育法21条:「学校内外における社会的活動を促進し,自主,自律及び協同の精神,規範意識,公正な判断力並びに公共の精神に基づき主体的に社会の形成に参画し,その発展に寄与する態度を養うこと」等の1項から10項

これらの法的根拠をもとに,小学校学習指導要領を基盤とする。

2 小学校教育の基本

心身の成長が著しい児童期の発達特性を十分踏まえて学級・学年経営及び学習指導を行う。

①児童期前期(小学校1・2年生)
　新しい経験の拡大を求める。遊びから学習への転換や基本的な学習・生活習慣の育成を行う。

②児童期中期(小学校3・4年生)
　活動範囲の拡大を求め,知的興味や行動力が増大する。グループでの対抗意識等が芽生え,教科等の好き嫌いが出てくる。

③児童期後期(小学校5・6年生)
　責任感が旺盛になり,共同作業等に積極的に取り組む。異性への関心が高まるとともに,抽象思考ができるようになる。

　小学校では,学級担任制を原則としているため,教科等の指導とともに,学級経営を充実する必要がある。また,学習指導にあたっては,個性を生かした指導を工夫し,教えるべきことを明確にして,児童自らが個性や能力を発揮して習得的・探究的に基礎・基本を身に付けられるようする。

3 小学校教育の特徴

①「学びの習慣」や「社会における生活者」としての基礎づくり
　ア　基本的な学習・生活習慣を培う学習指導と学級経営
　イ　知識や技術・考え方等を身に付け,自信を生み,習慣化させる
　ウ　「学ぶ」ということは,楽しいこと・厳しいことを知る
　エ　小社会である学級の約束を守り,我慢することやわがままを抑えること学ぶ
　オ　どのようにすると,知りたいことが調べられ,じょうずにできるようになるのかを学ぶ
　カ　小学校教育は,生涯学習への入り口

②人格の形成
「知・徳・体」の調和のとれた人格の育成を目指す

③自己実現を通して自信をもたせる指導
ア　学級担任制により，担任の人格・生き方を通して，子どもを感化する
イ　担任への信頼・尊敬が基本であり，信頼がなければ，真にその人の話は聞けない
ウ　できたことやよさをみんなの前でお互いに認め合い，ほめて伸ばす
エ　自らの得意技の発見や目標・夢をもたせ，根気よく努力することを体験を通して実感させる
オ　適度な競争を通して，友達と学び合い，支え合う喜びを感じさせる

4 教育課程の編成・実施

　教育課程は，各学校において校長が編成する。編成にあたっては，法令及び小学校学習指導要領に示された内容に従い，心身の調和のとれた発達と学校及び地域等の実態を考慮し，創意・工夫をする。小学校の教育課程は，国語・社会・算数・理科・生活・音楽・図画工作・家庭・体育の各教科，道徳，外国語活動，総合的な学習の時間及び特別活動で構成されている。
　各教科等の授業時数及び各学年の総授業時数は，学校教育法施行規則に定める授業時数を標準とする。教育課程は，学校の教育目標の実現に向けて意図的・計画的に実践できるよう編成されたものであるから，実践にあたっては，各教育計画を遵守し日常的に実践の評価・改善を行う。

5 小学校教師に求められる資質

①指導力＜教師力＞
教師の六者＜学者・易者・役者・医者・忍者・達者＞

②生徒指導＜カウンセラー的な資質＞
ア　事実を正しく確認し，情報を整理し，対応策等を立てる
イ　問題行動等が生じた場合，どの子どもも大切にする考え方と子どもや保護者に対して毅然とした指導・対応ができる
ウ　子どもへの愛情（教育愛）や対応における温かさが基本

③豊かな人間性
目には見えないもの，見えにくい成長を大切にする

6 小学校教育をめぐる課題

①子どもを取り巻く環境の変化
社会の価値観の変化，個人主義・自己中心主義，非行の低年齢化，物質・金の至上主義等

②「豊かな人間性の育成」の基礎を培う
しつけ，親離れ・子離れ，権利と義務（責任逃れ），体験不足等

③保護者・家庭・地域等からの多様な期待
少子化による過保護，学力優先，モンスター・ペアレンツ，不審者，危機管理等

第2章 学校経営・学級経営

Ⅱ 学校経営と附属小学校

学校における経営とは

学校は,「子どもたちのために存在し,教育は,人間として社会に役立つことを目的とする」ものであり,経営は,「工夫を凝らして物事を営むこと」である。

したがって,学校における経営とは,教育を受ける権利をもつ児童に対して,それを保障することを中心にした営みであり,子どもたち一人一人のもつ可能性を最大限に伸ばすため,学校で営まれる一切の教育活動を,有効かつ最適に組織付けることである。大勢の子どもを学ばせる学校が,学校,学年,学級という各レベルで,児童一人一人の最大限の成長を実現させることを目指したところに学校経営,学年経営,学級経営があり,それぞれが一つの目的に向かって働き合うのが学校という組織体としての経営である。

(1) 学校経営とその重点

学校経営とは,学校がその教育目的を達成するために遂行する組織的活動の総称である。学校教育目標を実現するために,実施される教育活動はもとより,子どもや教職員とその組織等の人的要件及び施設・設備等の物的要件についての管理・運営を効率的に行うことがその内容となることから,以下のような点に重視する必要がある。

重 点
(1) 教育課程の編成並びにその実施を中心とする教育計画
(2) 教育活動展開の基盤となる児童の組織編成
(3) 教員の組織,分担や研修
(4) 施設,設備の設置とその運営・管理
(5) 保護者及び地域住民の組織化と協力

(2) 学校経営の実際

ここからは,本校の学校経営の実際を述べていくこととする。

本校は,附属小といった立場から,上記で述べたこと以外の役割も担っていることから,その点についてもふれながら述べていく。

＜入学式＞

＜公開研究会＞

1 附属小学校の経営の基盤

(1) 附属小学校としての使命達成に努める。〔公開研究会，教育実習，連携等〕

　　本学部と連携・協力し，小学校教育の実証的研究に努めるとともに，教育実習の充実を図り，優れた教員養成に努める。また，大学，附属幼稚園，附属中学校，附属特別支援学校との連携を密接にして，幼小中教育の効果的な連携や普通教育と特別支援教育の積極的な交流等に配慮し，よりよい小学校教育の在り方を追究する。

(2) 群馬県下の小学校教育の進展に寄与する。〔初任者研修会，研究団体の事務局，校内研修の講師等〕

　　県下教育界における本校の伝統的な役割を自覚し，群馬県教育委員会や県内各種研究団体等との密接な関係を保ち，地域のモデル校として積極的に県下小学校教育の研究及び実践に寄与する。

(3) 教員の研修の充実を図る。〔研究授業と授業研究会，研究物の刊行等〕

　　上記（1）（2）を達成するため，教員の研修を重視し，学校内の研修を充実するとともに学校外の教育研究にも積極的に参加する。

(4) 全国的視野・将来展望に立って教育研究を進める。〔研究出張，教育動向の把握，附属連盟〕

　　附属連盟や各種研究団体との連携を図り，全国的視野に立つとともに小学校教育の将来的な展望を明らかにして教育研究と実践に努力する。

2 附属小学校の教育目標

　　　　　　　　　「つよく　　ただしく　　かしこく」

※校歌の歌詞を基に，附属四校園の共通目標「自分をみがく子」を具体化したものである。

3 附属小学校の教育方針

(1) 一人一人の子どもが基礎的・基本的な知識・技能等の確実な習得を図り，それらを活用して課題を解決するために必要な思考力・判断力・表現力等の能力を働かせ，主体的に学びを深めるための教育課程を開発する。

(2) 一人一人の子どもが，自ら課題に主体的・創造的に取り組み解決していけるようにするため，体験的な学習や問題解決的な学習，複数教員による協力的な指導，各教員の専門性を生かした指導等，教科等における目指す子ども像を実現するための指導方法や指導態勢の改善充実を図る。

(3) 一人一人の子どもが，思いやりの心をもち共に生活を拓くことができるようにするため，自然・社会・集団の一員としての自覚と責任感，お互いのよい点を積極的に認め合う態度，豊かな道徳性や困難に打ち勝つ強い心と健康な体を育成する。

4 附属小学校の経営の重点

◆よりよい学校経営を目指す

(1) 学校教育を取り巻く諸課題や独立行政法人としての対応，昨年度の学校評価の結果及び各分掌の反省と提言等を踏まえ，各分掌組織において課題の明確化と解決策の具体化を図り，よりよい附属小学校経営を推進する。

　○附属学校の使命達成に向け，学部及び附属幼稚園，附属中学校，附属特別支援学校と連携し，附属小学校のよりよい在り方を明らかにする。

　○主たる学校運営上の課題
　・知を創造する子どもを育てる教育課程の開発
　・地震対策，不審者対策等安全管理の徹底
　・他者や周囲のことを考えた言動がとれる児童の育成
　・校舎配置の特徴を生かした普通教育と特別支援教育の一層の連携

(2) 実践的指導力を有した教師を育成するための教育実習について，学部との連携を深めつつ具体的な改善を行う。

◆児童の学びの質を高める

(3) 学校の教育目標達成及び附属小学校の使命達成のため，全教職員一丸となった参画態勢のもと，校内研究の充実を図り，新たな教育課程を編成・実施・評価するとともに，学年や学級，教科等の経営，日常の学習指導等の充実に努める。

(4) 学習指導の一層の充実と学部との連携推進の観点から，学部教員との効果的な連携の在り方について具体的に研究を進める。

◆児童の生活を創り，心を育てる

(5) 校内や校外における児童の健康安全確保のため，不審者侵入時，地震及び火災発生時の避難訓練を実施するとともに，非常時の通報体制や安全確認体制を整備するなど，関係機関や保護者との連携を深めながら，学校の安全性の一層の向上に努める。

＜異年齢集団活動＞

(6) 子ども一人一人のよさや多様な能力，心身の健康に関わる実態等を的確に把握し，基本的な生活習慣を確実に身に付けさせるとともに，いじめ等問題の未然防止に努め，健康で生きがいをもって学校生活を過ごせるよう指導する。

◆よりよい学習環境づくりに努める

(7) 学校予算の計画的な執行，後援会費等の活用により，校内設備の改修，ＩＣＴ機器の整備・充実等を図り，子どもたちによりよい学びを提供できる教育環境づくりに努める。

◆開かれた学校を目指す

(8) 学校評価を有効に活用するとともに，学校評議員会を開催する等して学校関係者評価を取り入れ，より広い視野に立った学校経営の改善を行う。また，学校便りやｗｅｂページ等を通して，学校の教育活動や学校評価の結果等の情報を家庭や地域に提供し，学校理解が深まるように努める。

(9) 一人一人の教員の職能成長を図るために，人事評価制度等を活用し，有効な支援に努め適切な教員評価を行う。

5 附属小学校の学校運営組織

(1) 教員会議

学校運営上，もっとも大切な機関であり，全教員をもって構成する。学校運営に関する校長の補助機関として運営諸般の事項について審議し，共通理解に立って学校運営を円滑かつ効果的に行うことに資する。会議は，原則として隔週木曜日に開く。

(2) 教務委員会

① 教務委員会（教務会）

副校長，教務主任，教務主任補佐，学年主任，及び研究企画委員長で構成し，校長の監督を受け，学校運営の基本的事項の企画立案並びに学年相互の連絡調整を図ったり，緊急事項の審議や決定にあたったりする。また，予算，施設・設備等についての円滑な調整を図るため，必要に応じて専門職員が参加する。会議は，原則として毎週火曜日に開く。

② 教務主任

校長の監督を受け，副校長を補佐し，学校教育計画の立案・実施，教育課程の管理，行事予定の作成，教科書・教材の取り扱い，教員の研修，調査統計の整理・保管，諸会議の記録・整理・保管，教育実習等，教務に関する事項について教務委員間の連絡調整にあたるとともに，関係教職員に対する指導助言にあたる。

③ 教務主任補佐（研究担当）

公開研究会，提案・部内授業の日程調整や運営・発送事務，教員の研修等，研究面に関する事項について教務主任を補佐し，教務委員間の連絡調整にあたるとともに，関係教職員に対する指導助言にあたる。

④ 教務主任補佐（管理担当）

教育実習委員会，学校給食委員会，勤務・施設の管理に関する事項について教務主任を補佐し，教務委員間・事務室との連絡調整にあたるとともに，関係教職員に対する指導助言にあたる。

⑤ 学年主任

校長の監督を受け，当該学年の教育活動に関する事項の計画の立案・実施・評価について学級担任との連携・協力を図りながら，その中心となって推進にあたる。また，そのために必要な連絡調整及び指導助言にあたる。

(3) 研究企画委員会（研企委）

委員長及び委員6名で構成し，本校の使命の一つである教育研究の企画・推進にあたる。なお，必要に応じて各教科等の主任等を加えて弾力的に運営する。

(4) 学校保健委員会

学校医，学校薬剤師，ＰＴＡ会長，ＰＴＡ保健体育委員長，各学年常任委員長，校長，副校長，教務主任，体育主任，保健主事，養護教諭で構成し，児童及び教職員の健康の保持増進を図るために，健康診断，健康相談，学校環境衛生，プール管理等，保健に関する事項の計画的かつ効果的な管理と指導を行う。

(5) 学校給食委員会

校長，副校長，教務主任補佐（管理担当），保健主事，給食担当教諭，養護教諭，主任専門職員，栄養士，調理師をもって構成し，学校給食を安全，適正に運営する事項の計画的かつ効果的な管理と指導を行う。

第2章 学校経営・学級経営

(6) 若宮事業場安全衛生委員会

附属小学校長，学部事務長，小学校養護教諭，保健管理センター教授，特別支援学校養護教諭，幼稚園養護教諭，小学校保健主事，特別支援学校保健主事，小学校安全教育係，特別支援学校安全管理係，幼稚園安全指導係を委員として構成し，教職員の安全，健康，衛生に関する調査・審議を行う。

(7) 教育実習委員会

委員長，副委員長及び委員数名で構成し，学部・附属中学校・附属幼稚園・附属特別支援学校及び教育実習協力校との連絡を取り，学部及び大学院の教育実習やインターンシップ等を効果的かつ能率的に実施するための計画を立案し，その推進にあたる。

(8) 交流・人権教育委員会

委員長，副委員長及び委員数名で構成し，附属特別支援学校と連携しながら，附属特別支援学校との交流教育及び人権教育の推進にあたる。

(9) 教科等研究部

教務会，研企委等との連携を図りながら，実践的研究の推進，教科教育の充実，研究課題解決のための調査等にあたる。

教科等教育の充実を図り，研究を推進するために，次の研究部を置く。

・国語科　・社会科　・算数科　・理　科　・音楽科　・図画工作科　・家庭科
・体育科　・英語活動　・生活科，総合的な学習の時間　・道徳，特別活動　（・学校保健）

(10) 特別研究部

研究推進において重要な研究課題の解決や研究方法の改善を行うために，次の委員会及び，係を設置する。

①カリキュラム管理委員会

本校の教育課程の実施時数の集計や問題点の整理及びその対策を考え，研企委と連携しながら教育課程の見直し・改善のための資料提供を行うとともに，カリキュラム管理室の管理を行う。

②授業研究委員会

研企委と連携しながら学びの充実を図るための望ましい授業の在り方を調査・研究して提言する。また，研究の充実を図るための望ましい授業研究の在り方を考え，それを基に研究授業及び授業研究会の運営にあたる。

③評価研究委員会

望ましい教育評価と教育評価を生かした指導の在り方を調査・研究し，研企委と連携しながら教育評価の見直し・改善のための提言を行うとともに，学力検査等の諸検査の実施や分析及び，指導要録，通知票「くすの木」の改訂を行う。

④研究物整理出版係

研究紀要，学習指導案等の研究物の編集・出版にあたる。

(11) 指導部

子どもたちの生活の充実と健全な育成を図るために，次の係を置き，教務会・学年部・研企委等との連携を図りながら，運営，推進及び指導にあたる。

①生徒指導

子どもたちの学校生活への適応，問題行動の予防・対処について，次の係を置き，連携を図って運営にあたる。

・校内生活指導係　・校外生活指導係　・特別支援教育コーディネーター

②児童活動

次の係を置き，子どもたちの活動の運営，指導にあたる。

・児童会活動係　　・クラブ活動係　　・異年齢集団活動係

③健康安全

次の係を置き，健康安全教育に関する運営，指導にあたる。

・健康教育係　　・安全教育係

(12) 学年部

学年・学級経営を調和的に実施するために，学年の経営方針の設定，学年の教育活動の計画・実施・評価等，学年・学級経営に関する事項について，各担任及び専科の協同体制の下に，適切な運営を図る。さらに，学年における教育活動の充実と実施上の諸問題の解決を図るために実践的な研究を推進する。

(13) 管理運営部

学校運営を円滑にし，教育活動を支えるために，次の係を置く。

①教務関係

　ア　ふたば刊行係

　　卒業進級文集「ふたば」の編集及び管理を行う。

　イ　清掃係

　　清掃活動が円滑に行えるように，用具の管理，点検，整備を行うとともに，清掃活動への援助を行う。

　ウ　校教具係

　　校教具の点検，管理を行う。

　エ　農場・学年園係

　　年間を通した利用計画を作成し，関係機関との連絡・調整を図りながら管理を行う。

　オ　学校図書館・教科書係

　　学校図書館の利用の促進と教科書等の管理にあたる。

　カ　掲示物整理係

　　校内外の情報の収集及び管理を行い，校内の掲示物の整備を行う。

　キ　学校給食係

　　子どもたちが望ましい食生活を送れるような指導や校内組織との連絡調整を行う。

　ク　福利厚生係

　　教職員の福利厚生を行う。

②情報管理関係

　ア　教育機器・校務ソフト管理係

　　委託業者との連携を図り，校務にかかわるソフトの管理，作成を行う。また，教育機器の点検，管理を行うとともに，情報教育の充実を図る。

　イ　メール配信係

　　職員・保護者への緊急連絡事務を行う。

　ウ　ホームページ係

　　本校ホームページ及びメールアカウントの管理・運営を行う。

III 学級経営と担任の役割

　学級経営とは，学級という集団をより質の高い集団へと変容させるための，担任の意図的，計画的，継続的な働きかけであり，人的・物的条件整備，学級組織，学習・生徒指導の有効な展開も含まれる。この日々の営みにより，児童一人一人は学級という組織を通じ，個性を伸ばし，調和と統一の取れた人間形成を行っていくのである。こうした学級経営は，学校・学年の経営方針を基礎としながらも，担任の教育観や学校観により，個性的に営まれるものであり，担任の創意を発揮する機会でもある。そして，その充実に向けて，学年としての統一性を踏まえながら，学級としての独自性を学校という大きなまとまりや流れの中に位置付け，学級の教育目標実現を目指して，より望ましい在り方をたえず追求し，創造していくことが重要となってくる。以下に学級経営の内容と担任の役割を述べる。

1 担任の役割

　教師は児童の規範でなければならない。それだけに担任の責任は重い。特に同一化の傾向の強い小学校低学年児童にとっては，自らの考え方や言動，行動，生活態度等の基準となるほど，担任の影響は大きい。担任としての役割としては，次のことがあげられる。
(1) 学校教育目標の具現化を図る（学校教育目標→学年目標→学級目標→行動目標）。
(2) 学級を場とする様々な教育活動の充実を図る（教材研究）。
(3) 一人一人の児童との心のふれ合いを大切にし，親近感・信頼感を深める。
(4) 一人一人の児童が，学級の主役となり得るように支援する。
(5) 人間としての豊かさ，教師としての専門性を磨く。

2 児童理解の心構え

　学級担任として，児童一人一人の能力，適性，行動の特徴，家庭環境等をできるだけ早く，しかも深く理解する必要がある。さらに，学級集団の中で占める個々の児童の位置，役割についても，多様な活動を基に情報を得なければならない。このことにより，調和と統一の取れた人間形成を目指す指導を体系的に組み立てられるのである。児童理解の心構えとしては，次のことがあげられる。
(1) 児童の立場になって，児童自身の見方，考え方，感じ方を共感的に理解する。
(2) 児童の行動に対し，目に見える外面的に現れるものだけでなく，思い等の内面にも目を向ける。
(3) 先入観や偏見によって児童を見ないようにし，できるだけ科学的な資料を基にする。
(4) 児童一人一人の集団における位置，役割，他の構成員にどう評価され，どんな人間的な結び付きにあるか等を把握しておく。

＜学級担任による学習指導＞

3 学級集団の育成

　学級集団を捉えるには，学習集団と生活集団との両側面が必要となる。学習集団としては，学習をより効果的にするため，教師は学習に対する興味・関心を高め，児童一人一人に「分かった」「できた」という満足感，学級集団に「みんなで考え合えた」「新しい見方が友達のおかげでできた」という充実感を与えるように配慮しなければならない。生活集団の経営の基本は，構成員の地位の安定と欲求を充足させることと，どの児童にも自己を実現する機会が与えられること等である。

　担任は，様々な活動場面を捉えて，誰もが主役となって活動できる場を意図的に用意するとともに，経験を積ませるような手立てをもつことが必要である。また，責任をもって活動できるように支援したり，集団の一員としての自覚や自信をもって行動できるように導いたりすることが，児童の学級における所属感を高め，満足感を得ることにつながる。

4 教室環境の整備

　教室は，学校における児童の活動の大部分が展開される場である。教室環境がどのように整備されるかは，学級集団の士気に影響する。環境を構成する視点としては，次のことがあげられる。
(1) 施設，設備，備品等について，実用性・経済性等の面から配慮する。
(2) 教室内の採光，保温，換気，色彩等に配慮する。
(3) 子どもの創意工夫を積極的に取り入れる。
(4) 掲示物は，みんなに活用され，意識されるように工夫する。

5 授業時間外の活動

　学校生活の中で最も制約の少ない自由時間であり，解放された雰囲気の中で教師と児童が接することができる。したがって，児童にとっては，創造性や連帯性等を伸ばすのに，また，教師にとっては，望ましい人間関係を育て，児童理解を深め，個別指導を行うのによい機会となる。

　始業前や休み時間，放課後等は，児童の観察や面接，指導等，自然に行えるだけでなく，教室環境の構成や清掃，自由な遊びや話合いの中で，人間関係を深めたり，児童が自治的な活動や奉仕活動に取り組んだりする等，多彩な活動の場として役立てることができる。

＜授業中における児童理解＞

6 家庭,地域との連携・協力

　児童の人間形成に及ぼす家庭の影響は大きい。保護者のしつけの態度や教育についての考え方,文化的な雰囲気,親子の人間関係,経済事情等を家庭調査票,家庭訪問等を通して捉えておくとともに,平素より家庭との連携を密にし,よりよい児童の成長を目指して協力関係をもつことが大切である。その際,以下のことに配慮することが大切である。
(1) 学級担任は,一人一人の児童・保護者の欲求や願いに耳を傾け,共感するような態度で臨む。
(2) 担任の指導方針や意図等を,機会を捉えては保護者に知らせ,家庭とのパイプを太くする。
(3) 学級懇談,学習参観,学級通信,家庭訪問等,そのもち方や内容を工夫し,できるだけ多くの機会を捉えて,保護者との意思の疎通を図る。
(4) 地域社会における児童の活動状況に関心をもち,関係機関や団体との関わりを深めておく。

7 学級の事務

　学級に関する事務には,指導事務と一般的な事務とがある。指導事務は,学級経営案や週案等の作成,指導要録の記入,健康状況の記録,ノートの閲覧等,指導に密着しているものである。一般的な事務は,転出入学児の学籍移動事務,学級ＰＴＡ事務等,指導と直接関係ない事務である。両者とも教育の場において欠くことのできないものであり,綿密,的確,迅速を期さなければならない。

8 その他

　各教科,道徳,特別活動及び総合的な学習の時間についての目標設定,指導計画作成,指導法の工夫等は,学級経営の内容には含めないこともあるが,教科指導における児童一人一人への配慮や学習のための小集団の編成等は学級経営の内容と考えてよいだろう。

＜道徳の時間＞

＜総合的な学習の時間＞

Ⅳ 児童の発達と理解

　学級経営上，必要不可欠なものの一つとして，児童理解があげられる。一人一人の児童を理解することで，学級経営の目標・方針を明確にしたり，個に応じた指導・助言を行ったりすることができるようになる。すなわち，調和と統一のとれた人間形成を目指す体系的な指導を組み立てることができるようになる。

1 児童の発達

　児童理解を進めるためには，まず，一般的な特徴を捉えておく必要がある。そこで，児童期の一般的な特徴について述べる。

(1) 児童期前期（小学校低学年）
①自己中心性が弱まり，自他の区別ができるようになる。
②感受性が強く，ほめられたり叱られたりすることに敏感に反応する。
③依存心が強く，父母や教師に頼ることが多い。
④大人の行動を見て善悪の判断をする傾向が強く，教師や父母の指示を素直に受け入れる。
⑤独立心（自立心）をもち始めるため，口答えや反抗も見られるようになる。

(2) 児童期中期（小学校中学年）
①機敏性や探求心が旺盛になり，生活の場や行動範囲が広がる。
②感受性が強く，ほめられると進んで仕事をする。
③自己主張が強くなり，強情さが見られるようになる反面，横着さも現われる。
④仲間意識が強まり，小集団で行動するようになる。
⑤親や教師より仲間同士の約束を重視するようになり，交友関係も複雑になってくる。
⑥行動が活発になり，いたずらやけがなどが増えると同時に，落ち着きに欠ける子どもも見られる。

(3) 児童期後期（小学校高学年）
①自分の考えをはっきりともつようになるとともに，仲間意識，連帯感が強まる。
②機械的記憶から論理的記憶へと転換し，因果関係・論理関係も理解できるようになる。
③抽象的な思考ができるようになる。
④他者の気持ちを考えられるようになり，友達や大人の気持ちに敏感に反応する。
⑤判断力・批判力がつき，自分の判断で行動したり，友達や大人の行動を批判したりするようになる。
⑥自己意識が高まり，友達と自分とを比べながら，自己概念を形成する。
⑦第2次性徴が発現し，心身が不安定になる。

以上のような特徴の他にも，昨今の社会的背景の変化により，以下のような特徴が見られる。
○経済構造や家庭構造の変化により，「物質的な豊かさ」を感じている反面で，他者との関わりが希薄となり「精神的な貧しさ」が見られる。
○医学の進歩や食生活の変化により，伝染病・栄養失調等が減少する反面で，精神的な問題やアレルギーをもつ子どもが増加している。扁平足や骨折等も多くなっている。
○生活の仕方が変化し，夜更かしによる目覚めの悪さ・疲れ等を訴える子どもが増加している。また，朝食を食べずに登校するため，朝から元気がなかったり，体調不良を訴えたりする子どもも増えてきている。
○少子化に伴う過保護・過干渉等により，自己中心的な行動が目立つ子どもや，依存心が強く主体性に欠ける子どもも増えてきている。

2 児童理解

前述の児童期の一般的な特徴を踏まえた上で，一人一人の児童をより深く理解するための方法について述べる。

(1) 心構え

以下に示すような姿勢で，教師として子どもを見る「目」を養っていくことが大切である。
①あるがままの子どもの姿を客観的に見る。
②子どもは絶えず変化するという意識をもち，継続的に，複数の事実から見る。
③先入観をもたずに，自分の予想や見方とのズレを重視し，驚きをもって見る。
④一人一人のよさを認め，個性を伸ばすという観点から，その子なりのよさを見る。
⑤子どもとともに成長するという姿勢を大切にし，愛情をもって，温かいまなざしで見る。

(2) 方法

一つの方法で子どもを見るのではなく，複数の方法を併せて用い，相互に補完し合って，継続的・多面的に理解することが大切である。また，具体的な記録を残しておくことも忘れてはならない。児童理解を進めるための情報収集には，様々な時と場・方法が考えられる。

まず，児童の行動を自然に生起するままに観察する，観察法があげられる。観察法は特別の設備や装置を必要としないので，あらゆる場面で行うことができ，しかも他のいろいろな児童理解の方法の基礎になっている。授業中はもちろんのこと，休み時間や放課後等を含め，より多くの場面で，児童が何をし，どう言ったかをありのままに観察するのである。また，観察は継続的に行うことが重要であり，記録は具体的にしておくことがよい。

次に，身体発達，運動能力の測定，性格，学力，適性，道徳性検査等の検査及び測定法がある。また，各教科等のテストをはじめ，作文，日記等の生活の様子を生々と叙述したもの等を資料とすることがあげられる。さらに，児童との面接や保護者との会話等から資料を取り，児童を理解する方法もある。

主な方法に以下のようなものがある。ただし，その実施や結果の取扱いについては，十分な配慮が必要である。

①観察
　　授業時・給食時・清掃時・休み時間・学校行事等
※それぞれの場面での発言内容・発言回数・行動・態度等をつぶさに観察する。
②検査
　　性格検査・知能検査・学力検査・適性検査・道徳性検査・医学的検査等
※業者による一般化されたものを利用することが多い。
③調査
　　家庭環境調査・健康調査・進路希望調査・生育歴調査・習癖調査・交友関係調査等
※独自に調査用紙を作成して実施することが多い。
④相談（教育相談）
　　受理相談・呼び出し相談・チャンス相談等
※状況により，個別での相談と小集団での相談が考えられる。
⑤その他
　　課題作文・日記・グループノート・家庭訪問・地域訪問等

(3) 児童観察の方法とその留意点

①あるがままの児童を観察すること

児童の現在の姿を具体的・個別的に知るために，その児童が何をして，どう言ったかをありのままに観察していくことが大切である。授業中だけでなく，日常的な会話等からも児童の姿を見ることができる。この時，主観的な見方にならないように気を付けることが必要である。

②観察は継続的に，記録は具体的にすること

１回や２回の観察で児童を判断するのではなく，観察を積み重ねていく必要がある。記録は具体的にとり，教師の判断は，観察記録とは区別して書くようにするとよい。

＜授業中の児童の様子＞

③その児童が集団の中でどのような位置を占めているかを見ること

児童は集団生活の中で生活しているので，どのような集団に属してるのか，その中でどのような行動をしているのかを見ることが大切である。ある児童の行動と他の児童の行動とを関連させて捉える。すなわち，学級理解を通した個人理解が必要である。

④行動の場面条件に注意すること

＜高学年児童によるはちまき集会＞

観察しようとする児童が，どのような行動をしているかを見るだけでなく，その行動の行われた場面の情勢に注意することが大切である。行動は，その場面との関係において理解されるものである。

⑤集団観察の必要

多様な活動場面を複数の観察者が観察して，それを統合することによって活動状況をより明確にすることができる。同学年や教科担任の教師，養護教諭らと連絡を取り合うこと等が大切である。

第3章

生徒指導・その他の教育活動

第3章　生徒指導・その他の教育活動

I　生徒指導

1　生徒指導の意義

> 生徒指導は，教科指導とともに，学校がその教育目標を達成するために必要な機能であり，重要な教育活動である。その意義は，全ての児童のそれぞれの人格のより正常な，より健康な発達を助成するとともに，学校生活が児童一人一人にとっても，また学校の様々な集団にとっても有意義に，そして充実したものになるようにすることを目指すところにある。

(1) 個別的，発達的な教育を基礎とする生徒指導

児童は一人一人，素質，能力，適正，興味等を異にするものであり，教育や発達の背景としての生育歴，環境等も異っている。生徒指導は，これらの個人的差異を具体的に理解した上に正しく行われなければならない。そして，その児童の現状を基礎としながら，より正常な，より健康な発達といった積極的な指導や援助に重点が置かれるものである。

(2) 個性の伸長と社会性を高める生徒指導

教育の目標は，児童の能力，適性等の個性に即して生かされ，具体的に指導，援助されてはじめて十分に達成されるものである。そのため，集団の規律や秩序を尊重し，それを遵守する態度や行動の指導も重要なものとなってくる。生徒指導は，これらを具体的に展開しようとするものであり，個性の伸長を土台としながら，社会性の発達を図るという考え方に沿って進めることが大切である。

(3) 実際的な活動としての生徒指導

児童の生活は，学校のみでなく，家庭においても一般の社会においても絶えず営まれている。その中で様々な問題に直面しながら児童は成長していく。そこで，児童の生活の実態を見つめ，正しい理解を進めながら，望ましい活動や経験を組織的，計画的に与えることや，望ましくない要因や影響をできるだけ排除したり軽減したりすることも生徒指導の中に含まれてくる。

(4) 全児童を対象とする生徒指導

健康な人格の発達または精神の健康を維持し増進するということは，全ての人間の課題である。このことは当然，指導の対象が全児童であることを意味する。児童は全て，学業の優良，不振，あるいは問題行動の有無等に関わらず，それぞれの児童なりに指導や援助が与えられなければならない。

(5) 総合的な活動としての生徒指導

児童の発達は身体的，知的，情緒的，社会的等の諸側面から捉えることができる。しかし，教育活動としては，これらの指導を同時に行うことはできない。そこで，生徒指導も，総合的な活動としての指導を行いつつ，保健指導，学習指導，適応指導等に分けて考えられたり，計画されたりすることもある。

2 生徒指導の目標

　生徒指導は，人間の尊厳という考えに基づき，一人一人の児童の人格そのものを対象とし目標とする。それは，それぞれの価値をもった個々の自己実現を助ける過程であり，人間性の最上の発達を目的とするものである。しかし，個人は常に集団，社会の一員として生活する社会的存在である。したがって児童の自己実現も，常に社会的価値との関連において行われるものとしての社会的自己実現という形をとらざるを得ない。

> 生徒指導は，一人一人の児童の個性の伸長，精神の健康を維持，増進する。
> 生徒指導は，民主的な社会生活のための基礎となる社会的な資質，態度や能力を育成する。

3 生徒指導の内容

(1) 人間関係の改善と望ましい人間関係の促進

　学校を構成する人的要素は，教職員と児童である。この教職員と児童の間及び児童相互間の理解が深まれば深まるほど，学校は，愛情，尊敬，信頼といった望ましい人間関係をもつ集団として発達し，その中で，集団からのよい影響を受けるものである。生徒指導は，共同生活の基礎として，学校内の人間関係を改善し，望ましい人間関係を促進する働きとして役立つものでなければならない。

(2) 学校生活への適応や自己実現

　学校には，多様な児童が存在している。これらの児童の個性の伸長を図ったり，学校生活に適応させたりして，全ての児童に学校教育を意義あるものにしていくために生徒指導の働きは重要である。さらに，社会生活の向上や時代背景から，学校教育は，生徒指導によって，児童の将来における適応や自己実現に役立つ資質を育成しなければならない。

(3) 望ましい生活習慣の形成

　望ましい基本的な生活習慣の形成のための指導は，家庭でも学校でもそれぞれの立場で進めていく必要がある。学校では，生活の実際に即しながら，一貫した原理に立って，組織的，計画的に，しかも具体的な指導を重ねていく必要があり，生徒指導はその中心となるものである。

(4) 道徳教育の基礎を培う

　児童の道徳性を発達させるためには，道徳の時間や教科等における適切な指導が必要であるとともに，児童の具体的な生活の場において，種々の人間関係や生活上の問題を通しての具体的な指導が必要である。それは生徒指導の重要な内容であり，広く道徳性の発達の基盤を培つ指導ともなるのである。

(5) 青少年の健全育成や保護育成

　青少年の健全育成，保護育成の諸活動の趣旨や目的は，学校における生徒指導のそれらと同一のものであると考えられる。学校は，学校としての立場からこれらの諸活動に協力し，またその協力を受けて青少年の健全育成にあたらなければならないが，その任務は生徒指導が負うものである。

4 生徒指導の原理・方法

(1) 生徒指導の原理
①自己指導の助成
ア　自発性・自律性・自主性の促進

　自発性とは，欲求や情緒を直接外部へ表現するもので，そこには児童の真の姿を見ることができる。自発性を促進するためには，自由な雰囲気が用意されることが必要である。

　自律性とは，ある目的に従って自己の行動を規制するもので，自分自身の満足の他に他人の満足も考えなければならない。そのためには，愛情・信頼のある一貫性をもった節度ある他律的なしつけが必要である。

　自主性とは，自分の判断で決断し，進んで自己表現すること，自己の権利を主張したり義務を実行したりできることである。

イ　目標の確立と明確化

　目標が抽象的であっては，どのような行動が適切であるか明らかにならないから，目標達成に対して自己を関与させにくい。自己の追求していくべき下位目標を賢明に選択させ，それを具体的な行動の形で明確化させることを援助していかなければならない。

ウ　自己理解と自己受容

　自己理解の助成では，まず自己をありのままに受けとめる自己受容の態度を育成することが必要である。それには，教師が児童をあるがままに受け入れる態度を一貫してとることが大切である。

②集団指導
ア　集団の相互作用の尊重

　児童が集団の目標に共通に理解と関心をもち，その達成に切実感をもつこと，また，指導者が児童の個性を把握した集団編成の援助と各自に積極的な活動の機会を与えるように工夫していくことが大切である。また，各児童に対し，リーダーシップとフォロアーシップを育成することが肝要である。

イ　集団の力の利用

　集団活動の初期には，集団の目標に関して，児童の発達水準が低く，目標との間に隔たりがある場合がある。このような場合，発達の進んだ児童がいる場合はその児童に統率者的役割を演じさせ，集団全体の水準を引き上げていき，児童のより多くの自由を拡大していく方法が有効である。

ウ　人間尊重，友愛

　集団指導においては，人間尊重の精神を基調として，児童個々の自主性の発達や個性の伸長が妨げられることなく，また，全ての児童が友愛の精神を基調として，人間として平等な立場で相互に理解し尊重し，作用し合うことが重視されなければならない。

エ　規律の維持

　集団には，児童相互の利益を確保し，相互作用を効果的にするために一定の規律が必要である。その規律の遵守は，集団の中で自主的な活動をしていくための基盤となる。集団の規律が維持されなければ，各児童の社会的自己実現は不十分なものになる。

(2) 生徒指導の方法―援助・指導の仕方―
①治療的な援助と開発的な援助

　児童自身による問題解決がよりよくできるようにするには，目標の確立と明確化に関する援助だ

けでなく，情緒的緊張から解放するための治療的な援助と問題解決のための情報の提供，技能の習熟，新しい価値観の紹介等の開発的な援助が必要な場合がある。

②賞と罰

賞は，望ましい行動をした時に与えられるもので，その行動を強化するものであり，罰は，望ましくない行動をした時に，それを禁止させるために与えられるものである。これらは，ともに適時に適切なということが大切である。

③援助・指導の基盤としての人間関係

生徒指導上重要なものとして，A権力－支配－盲従，B権威－尊敬－信服，C出会い，という関係があげられる。強制的な力にたよるAは生徒指導の立場上，望ましくはない。Bは相互尊重，自発的心服等により成り立ち望ましいものである。また，人間的に対等な出会いをし，共感的理解をするCは自己の経験の明確化を助ける。これは教育相談等の個別指導においては効果的である。

④資料の利用

児童自身が自己や環境をどのように認知しているかを知ることは，児童の行動を理解する上で大切である。これらの主観的資料は，標準化された検査やその他の客観的資料を活用することによって，より有効な資料となる。

(3) 指導の組織・運営

①全教師の参加

生徒指導は，全ての児童を対象とし，かつ，その発達の全過程を通じ，学校生活の全領域にわたって行われる必要があるから，偶発的に無組織的に行われることでは，効果をあげることはできない。したがって，児童と接触する全ての教師がこの任務に関係をもつことが最も望ましいことである。

②環境の改造の必要

児童の行動上の問題は，児童の人格と環境との力動的関係に発生したものであり，個体－環境の力動的な関係を構造的に把握しなければ，児童の行動上の問題を解決することは難しい。この意味で，学級や学校全体の士気を振興させるための処置は積極的に計画されなければならない。また，家庭や地域社会との協力体制の一層の拡充強化を推進することも，指導上きわめて重要である。

＜学年への集団指導＞

＜個別児童へ授業中の支援＞

II 人権教育

1 人権教育の目標

(1) 学校における人権教育目標について

　一人一人が人権の大切さや偏見，差別について考える活動を通して，日常生活の中で自他のよさを理解し，よりよい生活を求めようとする心情や態度の育成を図る。

(2) 人権教育でねらうものについて

　人権教育という呼称は，人権問題に関わる教育活動の総称であり，国によって様々な取り組みが展開されている。

　人権教育は，全ての人の基本的人権を尊重するための教育として推進されるべきものであり，わが国においては，憲法，教育基本法の精神に則るとともに，人権関係国際文書等を踏まえ，人権としての教育を充実させることをはじめ，人権の歴史や思想，人権の問題についての学習，人権尊重の生き方のために必要な資質や態度の育成，子どもの人権を大切にした指導等が内容として考えられる。

①**人権のための教育**
　　人権教育の目標を表したものであり，人権を守り育てる社会や個人を育てようとするのが人権教育であるという考え方

②**人権としての教育**
　　教育を受けること自体が人権の達成にあたるというものであり，すなわち，教育権や学習の保障が人権教育であるという考え方（例えば識字教育）

③**人権を通じての教育**
　　学習過程そのものが人権が守られた状況の中で展開されるべきであるという人権教育の考え方

④**人権についての教育**
　　同和問題をはじめ，様々な人権問題について理解・認識を培うという人権教育の考え方

2 人権教育の内容

(1) 学校における指導の基本的構え

　人権文化を構築していくためには，人権保障のための行政施策や差別意識の解消，人権尊重の精神の高揚等，大変幅広い内容を含んでいるが，小学校で取り組むべきものとしては次の二つに大別できる。

　○人権問題を学ぶための基礎となる力を育てる取り組み
　○同和問題を初めとする様々な人権問題についての科学的な理解と認識を深める取り組み

(2) 学校における人権教育推進の方法について

①人権問題を学ぶための基礎となる力を育てる取り組み

ア 「豊かな人間性を培う」

- A 人間の意志や感情，行動について学び，自己を知る。また自分の長所短所を含め，あるがままの自分自身を受け入れ大切にするという自尊感情を培う。
- B 命の大切さ，人間の尊厳，人間らしい生き方を学び，豊かな感性を培う。

イ 「民主的な集団と自主・自立性を育てる」

- A 学校において諸問題を解決する活動や民主的な集団づくりの中で，互いに認め励まし合う人間関係を醸成する。
- B 体験的活動やボランティア活動を通して，自主・自立性を培う。
- C 自ら考え学ぶ主体的な活動を通して，生きる力を培う。

ウ 「社会についての正しい見方・考え方を育てる」

- A よりよい社会を築こうとした人々の生きる姿を学び，自分の生き方について考えを深める。
- B 人権獲得の歴史や日本の文化，慣習，行動規範，及び世界の国と文化について学び，社会と人間に関する理解と認識を培う。

(3) 学校における人権教育推進の留意点について

①子どもの主体的な学びを大切にする

人権尊重の精神を高め，実践的態度を育成していくためには，人権を学校生活のあらゆる場面で具体的に捉えることを通して，主体的に学んでいくという学習過程を重視することが大切である。

②人と人との関わりを通して学ぶことを大切にする

様々な人との関わりを生み出すことのできる学習の場の設定や，存在感のある「心の場所」としての集団づくり，学習環境づくりが重要である。

③活動や体験を重視した学習を大切にする

人と人との関わりの中で，体験を通して経験し，学んでいくことが必要である。例えば，地域の人たちとの交流やロールプレイ等の参加型体験学習等に取り組むことが考えられる。

④あらゆる場を通じた学習を工夫する

一人一人の幸せに関わる有意義な学習であるということを印象付けるような工夫をするとともに，あらゆる生活の場や全ての教育活動の中に位置付けながら，総合的に取り組むことが大切である。

⑤子どもの理解度や習熟度を知る

子どもの人権意識・感覚は，一人一人の発達段階，ものの見方・考え方，体験等によって異なる。教師は子どもの人権についての理解度を踏まえながら指導していくことが大切である。

⑥教師による子どもへの関わりを大切にする

教師自身が人権意識の高揚に努めることはもちろんのこと，カウンセリングの技法や豊かな人間関係づくりの学習をする必要がある。

⑦地場ぐるみの取り組みを推進する

人権教育の取り組みは，それぞれの地域において，学校・園（所），家庭，地域で協同しながら推進していくことが重要である。

第3章 生徒指導・その他の教育活動

III 学校保健

1 学校保健の概要

学校保健とは，児童生徒及び教職員の健康の保持増進を図り，もって学校教育の円滑な実施とその成果の確保に資することを目的として行われる学校における保健教育及び保健管理の総称である。

保健教育は，学校の教育活動における児童生徒の心身の健康に関する指導であり，保健管理は，児童生徒の心身の健康に関する人的・物的な管理である。この両者を効果的に機能させていくことが学校保健経営上望ましいことであり，このことによって学校保健経営を充実させていくことができる。

(1) 保健教育

学校における保健教育は，学習指導要領に基づいて，教科における「保健」（これを保健学習という）と特別活動における「保健」及び個人指導としての「保健」（これを保健指導という）を行うこととなっている。その指導は，学校においては主として学級担任があたり，場合によっては教科担任や養護教諭が行うことがある。

(2) 保健管理

学校における保健管理は，「学校保健法」に基づいて行われるものであり，その目的は，「児童・生徒及び職員の健康の保持増進を図り，もって学校教育の円滑な実施とその成果の確保に資す。」（同法第1条）ものである。この目的を達成するために，小学校においても，児童・教職員の健康診断，環境衛生検査と事後処置，その他の保健管理及び安全管理に関する事項について計画（これを学校保健安全計画という）を立て，これを実施しなければならないことになっている。

2 保健教育・保健管理の進め方

(1) 保健教育の目的

児童の健康・安全に関する知識・理解を身に付けさせ，国民として必要な心身の健康・安全の増進や管理を図る能力・態度の育成を養おうとするものである。

(2) 保健教育の内容

保健教育の内容は多岐にわたるが，性教育とエイズ教育は学校教育活動全体の中でそれぞれの教科，特別活動等の特性を生かしつつ相互補完的に指導を進めていくことが必要である。

小学校の目標は学年段階に即して以下の基準が示されている。

①性教育

学校における性教育は，児童・生徒の人格の完成と豊かな人間形成を究極の目的とし人間の性を人格の基本的な部分として生理的側面，心理的側面，社会的側面等から統合的に捉え，科学的知識を与えるとともに，児童・生徒等が生命尊重，人間尊重，男女平等の精神に基づく正しい異性観をもつことによって，自ら考え，判断し，意志決定の能力を身に付け，望ましい行動を取れるように

する教育活動である。
②エイズ教育
　健康教育は，体育・保健体育においてだけではなく，理科，社会，家庭等の教科の他，特別活動等，教育活動全体を通じて指導しなければならない。したがって，現代における重要な健康問題の一つであるエイズ教育も教育活動全体を通じての指導が必要である。

(3) 保健管理
①健康診断
　学校当事者は，児童及び教職員の心身の状況を正しく把握し，学校生活において健康の保持・増進のための配慮をしなければならない。児童は，自分の発育や健康状態の正しい理解をもち，異常については迅速に処置しなければならない。これには，全教職員が，健康の重大さに切実な関心をもち，健康診断の企画実施に積極的に参加することが必要である。
②健康観察・保健調査
　個々の児童の表情や行動を観察することによって，児童の疾病または健康上の異常を早期に発見する。児童が心身ともに健康な状態で充実した日常活動を送れるように，日々の健康観察を十分に行うことが大切である。
③健康相談
　健康に異常があると思われる者等，個々の者に対して行う日常の健康相談は，保健指導上，必要不可欠な教育活動である。この場合の個別の保健指導は，指示・指導ということよりも助言者・援助者としての立場から接していくことが重要となる。そして，担任教諭や家庭との連絡を取り合い，三者一体となって，問題を解決していくようにしていかなければならない。
④健康相談活動
　健康相談活動は，養護教諭の職務の特質や保健室の機能を生かして行う教育活動の一つである。一人一人の児童が当面している心身の健康問題を解決に導くために，児童の抱えている問題を見極め，問題に応じた相談・支援の方法を検討し進める。医療機関等の専門機関と連携をとりながら，経過に応じて関係者が話し合い，役割分担と協力によって，つまりネットワークによって児童・保護者あるいは担任を支えることが大切である。
⑤学校伝染病の予防
　学校においては，伝染病の発生防止のために，学校保健委員会等で十分に討議し，事前に情報が把握できるように体制を整え，計画的な予防活動を実施していくことが必要である。
⑥学校環境の衛生的管理
　学校教育の高度化にともなって，教育環境としての学校施設の衛生的な改善管理を怠っては，学校教育の成果を高めることは望めない。これは児童を収容するだけの単なる場所ではなく，生活内容，学業成績，体位，体力等に大きな影響をもつ。「学校環境衛生の基準」に従い管理するが，特に日常の教室内の環境衛生については，担任教諭が管理にあたる。

第3章 生徒指導・その他の教育活動

3 保健室の利用

　学校には，学校教育法施行規則第1条及び学校保健法第19条の規定により，健康診断，健康相談，救急処置等を行うため，保健室を設けることになっている。

　学校教育による保健センターとしての保健室の機能は，以下8点あると考えられる。

① 個人及び集団の健康課題把握の機能
② けがや病気の児童・生徒の救急処置や休養の場としての機能
③ 心身の健康に問題を有する児童・生徒の保健指導，健康相談，相談活動（カウンセリング）を行う機能
④ 情報収集・活用・管理の機能
⑤ 伝染病及び疾病予防としての機能
⑥ 保健教育推進のための資料教材の開発としての機能
⑦ 児童生徒保健センターの場としての機能
⑧ その他

　附属小学校では，保健室の機能がより適切に効果的に運営されるよう，次のようなコーナーを設けている。応急処置だけでなく，目的に合わせ，ぜひ活用して欲しい。

救急処置コーナー ＊けがの手当をする場所	出入りしやすく，水道，給湯が使いやすいように，南側に設置。救急薬品や衛生材料，記録用紙が準備されている。また，救急処置後記録を書きながら，自分のけがについて学習できるよう「けがの手当」についての資料を掲示してある。
休養コーナー ＊具合の悪い時に休養する場所	安心して休めるように，出入口から見えない位置に設置。カーテンを利用し，プライバシーを守るとともに，執務コーナーからは，様子を見られるようにし安全を確保している。
測定コーナー	自分の体に興味や関心をもってもらうために，自由に使用できる身長計・体重計・座高計を設置している。
健康学習コーナー	健康教育に関わる資料（児童図書・教師用図書・資料・ビデオテープ）を整備してある。
健康情報コーナー	保健室北側の掲示板を使用し，子どもの健康実態や時季にあった保健情報を発信している。
健康相談コーナー	保健室南の独立した空間で，健康相談に応じている。

4 学校で行う救急処置活動

　学校内のけが等に対して行われる救急処置活動は，いわゆる処置のみを行うものではない。適切な処置をするという医療的な側面と，「学びの場」としての教育的側面をもっている。

　適切な処置をするためには，児童の訴えに対し，それを的確に把握し，要因・背景を分析することが大切である。またそれと並行して，その児童の問題の本質に適した保健指導を行う「学びの場」となるように，児童自らが「なぜけがをしてしまったのか」その要因や背景に気付くことができたり，「けがを予防する」「自分で処置する」方法を知ったりして，自分で解決する能力を育成することができるような救急処置活動を行わなくてはならない。

5 救急処置活動の流れ

けが等の事故が発生した場合，まずは問診を行い，けがの程度や緊急性を判断する必要がある。問診の基本的な項目は，次の4点である。

①時期（いつ，いつから）　：受傷の時期を確認する。
②部位（どこが）　　　　　：受傷部位を確認する。
③性状（どんなふうに）　　：傷の状態や痛み等の様子を確認する。
④原因（どうして）　　　　：受傷した時の外力の種類や作用した方向を確認する。

注意事項は，以下の点である。

○けが等が発生した場合，しばしば児童は不安になるので，けがの様子を伝えるとともに安心感を与え，問診を進めるようにする。
○原因等については問いつめることなく事実を話せるような雰囲気をつくるとともに，必要に応じて，現場に行って状況を確認する。
○その場に居合わせた児童から情報を得る。

問診の結果，すり傷や浅い切り傷のようなけがの程度が軽い場合は，けがをした児童本人に手当てをさせたり，実習生が手当てを行って，担任へ報告をする。

各教室内には，爪切り・はさみ・救急ばんそうこう・カット綿・三角巾・滅菌ガーゼ・ポケットティッシュ・とげ抜き・消毒薬が入った救急セットと，けがの種類別に手当ての仕方が書かれた応急手当てハンドブックが常備されているので，それを使用する。

また，傷が深かったり痛みが強かったりした場合，意識がなかったりけいれん等を起こしていたりするような場合には，その場を離れずに，大きな声で応援を呼び，保健室と教員室への連絡を依頼する。また，該当児童をその場から決して動かさず，そばで様子を観察しながら教員及び養護教諭の到着を待つようにする。

附属小学校では，けが等の事項が発生した場合，参考資料（別表1）のような基準を基に，対応の仕方を判断している。

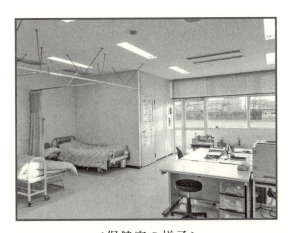

＜保健室の様子＞

第3章 生徒指導・その他の教育活動

参考資料 <別表1>

部位	種別	状況	対応
頭部	切り傷	ア 長さ5ミリ深さ1ミリ程度以上の傷で，出血が止まらず痛がっている深い傷 イ 長さ5ミリ深さ1ミリ程度	ア 救急車・救急対応・タクシー イ 保護者
	打撲	ア 陥没や骨折の疑い ア 内出血の疑い（意識状態を確認） ア 視覚障害，聴覚障害を伴う場合 イ 大きなはれやこぶ	ア 救急車・救急対応 ア 救急車・救急対応・タクシー ア 救急車・救急対応・タクシー イ 保護者
顔面 目・口	切り傷	ア 長さ5ミリ深さ1ミリ程度以上の傷で，出血が止まらず痛がっている深い傷 イ 長さ5ミリ深さ1ミリ程度	ア 救急車・救急対応・タクシー イ 保護者
	打撲	ア 骨折の疑い イ 大きなはれやこぶ	ア 救急車 イ 保護者
胸・肩	打撲	ア 骨折の疑い	ア 救急車
頸部 背骨 腰部	打撲	ア しびれや麻痺がある場合 ア 骨折の疑い イ 大きなはれやこぶ	ア 救急車 ア 救急車 イ 保護者
腹部	切り傷	ア 長さ2センチ深さ2ミリ程度以上の傷で，出血が止まらず痛がっている深い傷 イ 長さ2センチ深さ2ミリ程度	ア 深い場合は救急車　状況により，救急対応・タクシー イ 保護者
	打撲	ア 激しい痛みがあり顔色が蒼白の場合	ア 救急車・救急対応・タクシー
手・足	切り傷	ア 長さ2センチ深さ2ミリ程度以上の傷で，出血が止まらず痛がっている深い傷 イ 長さ2センチ深さ2ミリ程度	ア 救急車・救急対応・タクシー イ 保護者
	打撲	ア 複数部位の骨折の疑い ア 複雑骨折の疑い ア 骨折の疑い イ 大きなはれやこぶ	ア 救急車・救急対応 ア 救急車・救急対応 ア 救急対応・タクシー イ 保護者

―― 救急車要請の目安 ――

①意識（視覚，聴覚障害を伴う等）を喪失した場合　②激痛をもつ場合
③骨の変形が見られる場合　　④ショック症状が見られる場合
⑤広範囲に熱傷を受けた場合　⑥けいれんを持続する場合
⑦大きな開放創がある場合　　⑧多量出血を伴う場合
　（皮膚が裂けて大きく口を開けた傷）　⑨呼吸や心肺停止等

<国や県の基準を基に作成>

第4章

学習指導

第4章 学習指導

I 学習指導

1 学習指導の原則

「学習指導」の基本的な原則を考えてみると，次のものがあるといえよう。

(1) 児童の主体性の尊重

いうまでもなく，学習の主体者が児童であることが，基本原則である。教師の役割は，児童の発達段階に応じて，児童が自主的で，創造的な学習を進めていけるように支援していくことである。

したがって，次の点に留意しなければならない。

①児童自身が学習の目的を意識して学習活動に取り組み，自己の成長や知識・技能の獲得を評価できるものであること。

②学習の過程において，知識・技能の獲得はもちろんのこと，物の見方の深まりや，興味・関心の高まりがあること。

③児童の思考活動が創造的に展開するように努め，創造性豊かな態度・能力の育成を図ること。

(2) 学習の個性化の重視

学習の個性化とは，一人一人の児童がそれぞれの個性・能力に応じて確かに伸長していけることを目指している。これを進めていくための留意点としては，次のものがある。

①一人一人の児童の能力・関心・態度等の実態の把握が適確になされる必要がある。

②個人差に応じた学習組織の編成，教材の準備等がなされる必要がある。

③指導の効率化を目指しての教育機器の活用が効果的になされる必要がある。

(3) 学習活動の社会化を図る

学習活動の主旨の1つとして，望ましい社会の形成者の育成を目指すことがある。つまり，学習活動を通して，社会生活を営む上で望ましい態度・技能の育成を図る目的である。その際の留意点としては次のものがあげられる。

①話合いや共同的・協力的なグループ活動等を取り入れた指導の工夫をする。

②一人一人の児童が集団学習の中で生かされるよう配慮する。

以上の (1)～(3) を学習指導の原則として述べたが，これらは互いに相補的に達成されていくべきものと考える。

2 学習指導の計画

学習指導は，次のような計画に基づいて実施される。

(1) 教育課程と指導計画

学校において，目標達成のために各教科，道徳，外国語活動，総合的な学習の時間，特別活動の5つの領域を，学年に応じ，その内容及び時数を適切に組織し，配列した総合的な教育計画を教育課程という。

教育課程編成の主要な内容は，授業時数の配当と，各教科等の具体的な指導計画の作成である。

(2) 年間指導計画

学習指導の計画の中で最も実際的なものが，年間指導計画である。これは，児童の実態や学年の発達段階に応じた指導の系統性，発展性及び各教科等の関連・調和を図った計画案である。週案や学習指導案の作成は全てこの年間指導計画が基になる。

(3) 単元の指導計画

学習指導要領では，各教科・各学年ごとに指導目標が示されている。これを一般的な目標として捉えたい。いい換えれば，単元の学習の基本的な目標ということができる。

そして，一般的な目標を基に，その学校の地域の実態・特性やその学級の児童の実態を考慮して具体的な単元の指導計画，指導目標が決定される。つまり，学校の年間指導計画の単元等の目標や基本的事項に従って，具体化され，学習指導の中で達成されるべきものである。また，目標の具体化については，指導の中でどのようにしていくことによって児童に確実に身に付くかを十分に検討した上で行われるべきものである。

社会科　5年				
大単元	I　わたしたちの国土			4・5・6月（23時間）
目標	自然環境としての国土の様子と特色ある地域に住む人々の生活を理解し，我が国の国土の環境に関心をもつ。			

社会科　5年				
単元	I-1　世界と日本の様子			4月（8時間）
目標	世界の主な大陸や海洋，主な国の名称や位置，我が国の国土全体の様子や特色を考え，国土の位置，地形，気候などの様子を理解する。			
評価規準	(1) 世界の主な大陸や海洋，主な国の名称や位置，我が国の国土の位置や地形や気候などの様子に関心をもち，調べようとしている。 (2) 国土の位置，地形，気候などから，我が国の国土全体の様子や特色を考え，表現している。 (3) 地図や地球儀，統計などの資料を活用し，世界の主な大陸や海洋，我が国の国土の特色を白地図などにまとめている。 (4) 世界の主な大陸や海洋，主な国の名称や位置，我が国の国土の位置と領土，地形，気候などの様子や特色を理解している。			

過程	時間	学習活動	指導上の留意点	評価項目＜評価方法（観点）＞
課題をつかむ	1	○世界の主な大陸や海洋，国々及び日本の国土について，疑問点や調べたいことを考え，課題をつかむ。 【共通課題】世界の主な大陸や海洋，国々，日本の位置や領土はどのようになっているのだろう。	○世界の主な大陸や海洋，国々及び日本の位置について，世界の主な大陸や海洋，国々及び日本の位置や範囲，地形に関するクイズを提示する。	◇世界の主な大陸や海洋，我が国の国土の位置や領土に関する疑問点や調べたいことを記述したり，発言したりしている。＜学習プリント・発言（1）＞
追究する・まとめる	3	○世界の主な大陸や海洋，世界の国々の名称や位置，国旗を調べまとめる。 ・地球儀，緯度，経度，赤道 ・世界の主な国々の国旗 ・主な大陸と海洋の名称と位置・世界の主な国々の名称と位置	○日本と周囲または世界の国々の位置関係や大きさについて球体の上で具体的に捉えられるように，調べる際には，地球儀や透明地球儀を提示する。	◇世界の主な大陸や海洋，世界の国々の名称や位置を白地図などに表している。＜白地図・学習プリント（3）＞
	3	○国土の位置や範囲，地形や気候を調べ白地図などにまとめ，我が国の国土全体の様子や特色を考える。 ・日本を構成する主な島の名称と位置 ・日本の領土（最東西南北端や領土問題） ・日本の地形や気候	○国土の位置や範囲，地形や気候について具体的なイメージをもって特色を考えられるように，地形や気候に合わせて各地の資料を提示する。	◇国土の特色は，その位置，地形や気候と大きな関わりがあるということを記述している。＜学習プリント（2）＞ ◇国土の位置や範囲，地形や気候について調べたことを基に，我が国の国土は南北に長く，山地や急な川が多く，少ない平地に都市が集中していることなどを表現している。＜学習プリント（4）＞
	1	○単元のまとめテストをする。		

【備考】
・地球儀と透明地球儀に関しては，社会科準備室に保管してある。
・主な大陸と海洋については，ユーラシア大陸，北アメリカ大陸，南アメリカ大陸，アフリカ大陸，オーストラリア大陸，南極大陸の六大陸と太平洋，大西洋，インド洋の三海洋の名称と位置を扱う。
・取り扱う世界の国々については，ユーラシア大陸やそのまわりに位置する国々の中からは中華人民共和国，朝鮮民主主義人民共和国，大韓民国，モンゴル国，ロシア連邦，フランス共和国，イタリア共和国，イギリス（グレートブリテン及び北アイルランド連合王国），北アメリカでは，アメリカ合衆国，カナダ，南アメリカでは，ブラジル連邦共和国，アルゼンチン共和国，アフリカでは，エジプト，ガーナ共和国，南アフリカ共和国，オーストラリア大陸やそのまわりに位置する国々の中からは，オーストラリア，ニュージーランドなど，子どもたちも出てくるであろう国々を取り扱うようにする。
・年度によっては，オリンピックやサッカーワールドカップに出場する国々など，子どもたちが興味・関心を高くもてる国々について取り扱うようにする。
・取り扱う国々については，正式な国名を取り扱う。

＜単元指導計画例＞

II 教材研究と学習指導案

1 教材研究

(1) 授業における教材

「教材」については，様々な捉え方がある。広義に捉えると，教師の言葉も教材とする見方もある。ここでは，単元の目標及び授業のねらいを達成するために，手段的な位置を占めるものとして述べる。

> 教材とは，教育内容を子どもが学習できるように，身に付けられるように，教師が選択・構成・作成した事実・現象・素材等，学習活動の直接の対象となるものである。

授業は，教師による知識や価値観の一方的伝達ではない。例えば，理科で磁石の性質を理解することを目標にした単元において，教師が「磁石は鉄に付くのだ」と伝えたところで，子どもは目標に到底到達することはできない。国語の漢字にしても，「川」というのはこう書くのだと黒板に書いて見せるだけでは，子どもが書けるようにはならない。

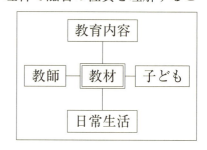

授業において教材は，教師と子どもとの間に存在する。教師が授業のねらいとなる教育内容に応じて，選択・構成・作成した教材に対して，子どもは生活経験や学習経験を基にして見たり，ふれたり，感じたり，考えたりして，そこから日常生活の事実，現象の意味付けを行ったり，新たに知識や技能を身に付けたりして，単元の目標及び授業のねらいを達成していくのである。

なお，教材には，教科書教材，視聴覚教材，実物教材，実験教材，文字教材等の分類があるが，何が教材となるかは，狭く固定的に捉えるべきではない。子どもが授業のねらいを達成するために適していれば，たとえ1本の鉛筆であっても，教材となりうるのである。教師は，単元の目標及び授業のねらいとなる教育内容によって，教材となりうるものを幅広く捉え，主体的・創造的な授業づくりをしていくことが大切である。

(2) 教材研究の必要性・方法

子どもが単元の目標及び授業のねらいを達成するために，手段的な位置を占めるものとして教材を捉えるとすると，当然，授業を実施するにあたって，子どもの実態を踏まえながら，授業で取り上げる教材がどうあるべきか，教師が授業において教材をどう扱うべきか吟味・検討しなければならない。

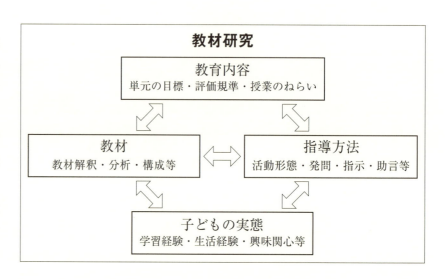

このように，事前に単元及び授業構想を練ることを教材研究と呼ぶ。また，授業づくりにおいては，構想を練ると同時に指導案の作成や教材・教具の準備・手配，子どもの活動場所の選定や確保も行われるため，広義には，教師の授業準備活動全般を指すこともある。前ページの図に示したように，教師は，教材研究において常に4つのことを考慮して，単元及び授業構想を練ると同時に授業準備を行うのである。

教育実習生が教材研究をするにあたっては，子どもの実態をつかみきっていないことや実習校の年間指導計画に則って指導をすることを踏まえ，次のようなことを特に留意するとよい。

○配属学級の子どもの実態をつかむ

　実習校の示範授業や他の実習生の授業において，提示された教材や発問・指示に対してどんな反応をしているのか，どんな取り組みをしているのか，自分の行う授業にあてはめてよく観察・記録をすることである。また，休み時間や放課後，子どもがどんな遊びをしているのか，どんな友達関係をもっているのか等，一人一人の子どもの特性をよく捉えておくことである。

　これらのことが，教材の在り方や教師の指導方法を構想する上で大いに役立つことになる。

○指導する単元の理解を深める

　実習生として指導できる単元の目標及び評価規準，単元の学習内容は，当該教科等の学習指導要領に示されている目標及び内容のどこに位置付いているのか，そして，同じ系統の学習内容がその前後の学年で，どのように扱われているのか，指導する単元の前後のつながりを捉えることである。また，同じ系統の学習内容を扱う単元の年間指導計画も参照しておくとよい。

　これらのことが，子どもの学習経験を捉えたり，自分の指導する単元の教材の在り方や教師の指導方法を明確にしたりすることにつながるといえる。

○指導する単元の教材や指導方法のあり方を探る

　実習生が教材や指導方法を構想するには，まず，指導する単元の教科書及び教師用指導書にあたるべきである。そこには，単元の学習内容や教材，指導方法が詳しく掲載されている。実習生としては，そこに掲載されていることを自分の授業に取り入れてよい。また，配属学級の担任の授業において，提示された教材，使用された教具，教師の言葉，動き，発問・指示の内容，タイミング，板書，子どもの学習形態等も参考になる。

　これらのことによって，自分の授業イメージをつくることに役立つこととなる。

＜実習生による教材研究＞

＜担当教諭との教材研究＞

第4章 学習指導

2 学習指導案

(1) 学習指導案の必要性

　前項の教材研究において，「教育内容」「教材」「指導方法」「子どもの実態」から行った単元及び授業の構想を文章や表，図等を用いて具現化したものが学習指導案である。端的にいえば，単元及び授業の計画といってよい。指導案，教案，授業案，教材案と呼ばれることもある。現場の教師は，毎単元，毎時間，学習指導案を作成しているわけではない。

　しかし，「〜案」というところに，学習指導案の特質がある。それは，学習指導案の構想をもっているのは教師であり，子どもはその構想を共有しているわけではない。よりよい授業を目指して作成した学習指導案であっても，実際の授業においては必ずズレを生じるものなのである。また，同一のねらいで，同一の教材で，全く同じ展開の授業をしても，子どもの実態等によって授業は変わってくるのである。同じ製品を生み出す機械の設計図とは，このような点で異なり，よりよい授業を目指した不断の授業研究が求められる。したがって，提示した授業の分析や考察を行う上で，学習指導案作成の必要性があるのである。

　さて，教育実習においては，実習生が学習指導案を作成する必要性がさらに高まるといえる。それは，以下のような点である。

①実習生自身のため

　授業経験の少ない実習生にとって，教材研究によって練られるべき単元及び授業構想は，あやふやな面が多々ある。また，実際の授業を進める上での技術も未熟であるのは仕方のないことである。

　学習指導案を作成することによって，自分の構想のよい点，不十分な点が見え，さらに改善していくことができるのである。

②指導教諭・参観者のため

　実習生はよりよい授業を目指し，単元及び授業構想や実際の授業ができるように，勉強しなければならない。その際に必要なのは，第三者の目である。指導教諭や他の実習生等の参観者に，授業者としての意図を伝えなければ，提示した授業の分析・検討ができない。

　学習指導案は，授業者として指導教諭から指導を受けるために，参観者からよい点や不十分な点を指摘してもらうために，重要な情報提供となるのである。

③子どものため

　子どもたちにとっては，担任の授業であっても，実習生の授業であっても，かけがえのない学習機会である。このような子どもの視点から見れば，実習生であるから授業を失敗しても仕方がないという考えをもつべきではない。このような姿勢は，厳に慎むべきである。

　したがって，授業経験の少ない実習生にとって，単元及び授業の計画ともいえる学習指導案の作成は，子どもたちに，よりよい授業を提供する上で，必要不可欠なこととなる。

(2) 学習指導案の作成

学習指導案を作成する前に構造を理解しておくことが大切である。以下に学習指導案の項立てと内容を簡潔に示す。記述の詳細については，各教科等の学習指導案例を参照する。

項立て	内容
Ⅰ　単元（題材・主題）名	
Ⅱ　単元（題材・主題）の考察	
1　教材（題材）観	
(1) 学習内容：学習指導要領上の位置付け	(1) 子どもたちは何について学ぶのか
(2) 培われる主な資質・能力	(2) 学ぶことでどんな資質・能力が伸びるのか
(3) 教材（題材）の価値	(3) 何で学ぶのか（教材，対象，活動） 　　→学びやすさ，資質・能力の伸ばしやすさ
(4) 今後の学習	・どのような学習に発展していくのか。
2　児童の実態及び指導方針	・どこまで自分たちでできるのか。（実態） ・よりよく学ぶために教師は何をするのか。（指導方針）
Ⅲ　目標及び評価規準	
1　目標	
2　評価規準	
Ⅳ　指導計画	
Ⅴ　本時の学習	
1　ねらい	1　本時の中心的な活動と，その中で培いたい資質や能力は何か。
2　準備	2　本時の学習に必要な教材・教具は何か。
3　展開 （学習活動と子どもの意識，指導上の留意点）	3　学習活動と，その中で行われる教師の働きかけを通して，子どもはどのように変容していくのか。

＜学習指導案の検討＞

III 学習指導の実際

1 学習指導の過程とその意味

　授業の計画を立てるとは，授業を進めていく筋道を設定することであるが，この筋道のことを授業過程と総称している。授業過程といっても2種類があり，児童の側から見れば学習過程といい，指導者の側から見れば指導過程（教授過程）という。ここでは，総称したものとしての学習指導の過程として考えていく。

　学習指導の過程は一般的には「導入」「展開」「終末」の3つの段階で考えられている。

(1) 導入の段階

　この段階では，学習に対する児童の関心を高めること，学習についての動機付けをすること，課題意識を明確にもてるようにすることなどを行う。次の4段階によって指導の計画を立てたい。
　①学習に対する興味・関心が高められるか。
　②学習の目的を明確に把握できるか。
　③学習の必然性をもてるような課題意識をもたせられるか。
　④児童の追究する問題が共通化できるか。

(2) 展開の段階

　この段階では，導入の段階でもった問題を解決に向けての追究が図られる。次の6点を考えて指導の計画を立てたい。
　①目的に沿った追究がなされるような計画になっているか。
　②観察・実験・作業等の操作的な活動が効果的に取り入れられているか。
　③問題の分析と結果の総合の過程が含まれているか。
　④児童自身の仮説の設定がなされ，それに応じた追究ができるか。
　⑤検証は児童に納得されるものになっているか。
　⑥児童の追究に応じた評価がなされているか。

(3) 終末の段階

　この段階では，問題の解決が図られたか評価がなされる。また，児童一人一人の学習のまとめもなされる。次の4点を考えて指導の計画を立てたい。
　①学習事項の整理は適確か。
　②報告や発表等，児童の評価ができるような工夫がされているか。
　③学習事項の定着を図る練習学習はどうか。
　④学習結果についての評価ができる手立てがあるか。

(4) 学習指導の過程のパターン

　学習指導の過程は，教科・領域によって異なる。また，同一の教科でも，教材の特性によって変わってくる。したがって，パターンといっても非常に多岐にわたるが，ここでは基本的な例をあげておきたい。ここで大切なことは，目的をはっきりともって学習指導の過程の選択をすることである。

①課題把握　→　②課題追究　→　③課題解決

2　学習指導の形態・方法

　学習指導を行う場合には教材や児童の実態に応じて，学習指導の形態や方法を考慮して計画的に進めることが必要である。それにより，学習のねらいを能率的，効果的に達成することができる。

(1) 形態

①一斉指導

　学級の全員を対象に同じ内容を同じ時間に指導する形態を一斉指導といい，一度に多くの人数を指導しうる特質をもっている。また，いろいろな個性や能力をもった児童が一緒に学習するので，いろいろな考えが出し合われ，みがきあえる。また，共通の課題意識ももちやすい。

　しかしながら，児童の個性に応じにくい，学習が受動的になりやすい，一人一人に細かな指導がしにくいなどの欠点もある。

②グループ学習の指導

　学級の児童を数人のグループに分け，グループや学級の共通な問題を解決するために，それぞれのグループの個性に応じて仕事を分担し，児童自身の自覚と協力によって学習を進めていく形態である。

　この学習のよい点としては，学習への積極性が出やすい，画一的な学習になりにくい，共同的な意識が高まるなどがあげられる。

　しかし，時間差が出やすい，リーダー的な児童を中心にして追従的な学習になりやすい等の欠点もある。

　グループ編成の方法としては等質・異質の2つの編成の仕方がある。学習の目的や内容に応じて選択することがよい。

③個別指導

　個別指導は一人一人の児童を対象にして行われる形態である。この指導の機会は一斉学習の後などが多いが，それにとらわれるべきではなく，必要に応じて，一斉学習の事前や最中にも積極的に取り入れるべきである。

　　ア　個別指導に入る前の留意点
　　　○児童のレディネス（基礎学力・興味関心）を捉えておく。
　　　○机間指導によって児童の事実を捉える。
　　　○児童へ学習の自信をもたせるような支援をしていく。
　　　○一人一人の児童の特徴やくせなどを知っておく。
　　　○共同的な学級の雰囲気をつくっておく。
　　イ　個別指導の留意点
　　　○資料を豊富に準備し，学習の深化が図れるようにする。

○自主的な学習が進められるよう見通しを示す。
○肯定的な評価を多くする。
○できるかぎり具体的な支援に心がける。
○励ましを大切にした支援をする。
○繰り返して練習する機会を与え，方法についても支援する。
○達成的な評価のステップを細かくして，児童が自分自身の向上について分かるようにする。

(2) 方　法
①ティーム・ティーチングによる指導
　複数の教師がチームを組み，児童一人一人に応じた学習指導を進めていこうとする方法である。
　次のような点に留意して指導を進めたい。
○一斉画一指導からの脱却し，「教える授業」から「主体的な学習」への発想の転換を図る。
○指導の個別化，学習の個性化へ対応できるようにする。
○それぞれの教師の持ち味を生かし，互いに補い合えるようなチーム・プレーを心がける。
○多様な学習活動や学習形態へ対応できるようにする。
○「学級の壁」「教師の壁」「教科の壁」等を取り払えるようにする。

②話合いを中心にした指導
　問題について，集団で話し合うことにより，それぞれの知識や経験を出し合って，集団での思考を高め，共同して問題解決にあたろうとする方法である。
　次のような点に留意して指導を進めたい。
○目的を明確にして話し合えるようにする。
○児童一人一人が自分の意見をもって臨めるようにする。
○発言しやすい雰囲気づくりや話合いのルールの徹底を図る。
○意見の拡散や収散のために教師の適切な助言が不可欠である。

③現場学習による指導
　これは，現実の社会事象や自然事象を直接体験することによって，学習する方法である。
　次のような特徴がある。
○現実をありのままに感じることができる。
○条件が複雑になりがちで学習対象が捉えにくい。
○学習の事前や事後の指導のあり方で結果が大きく違ってくる。
　したがって，こうした学習をする場合には，事前に十分に調査をしておくことにより，環境調整や活動内容の吟味，学習の目的やルールの確認等をしておく必要がある。

④実験・観察を中心とした指導
　事実を具体的に理解したり，実感的に納得したりするためには，実験や観察等の学習が重要になってくる。
　こうした学習を進める際には，次のことに留意したい。
○活動の目的をはっきりつかめるようにする。
○助言や指示等を適切にする。
○器具や用具の配置や準備を入念にする。
○道具の使い方等の指導を十分行い，安全等に気を付ける。

○記録や記録の整理等が要領よくしっかりできるようにする。
　　○分担や役割を公平にする。
　　○目標達成への期待と興味が持続するように配慮する。
　また，観察については長期にわたることもあるので，その際には次のような特別の配慮も必要である。
　　○中間発表の機会をもったり，研究の深化についての賞賛を与えたりする。
　　○目標や方法の確立には特に留意する。
　　○教師も共に参加できる計画を立てる。

⑤**教育機器を使った指導**
　学校で使用する主な教育機器としては次のものがある。

- 実物投影機（OHC）　・コンピュータ　・電子卓上計算機
- テレビ（TV）　・DVD　・映画　・ICレコーダー　・デジタルカメラ

　これらのほかにも，教科によって使用される機器も多い。
　教育機器の活用は学習の能率化を図ったり，個別の学習を進める際に生かしたりする。しかし，無機的なものであるので，児童が受動的な学習にならないように注意しなくてはならない。

⑥**学校図書館（メディアルーム）を利用した指導**
　図書館の学習における価値は大きい。次のようなよさがある。
　　○自発的学習の姿勢が身に付く。
　　○資料活用力が伸びる。
　　○読書に取り組む習慣が身に付く。
　　○多様なメディアによる学習が可能である。
　　○公共図書館の利用力が付く。
　　○要約力や引用力が伸びる。

3　学習指導の技術

実際の指導にあたっては，次のように進めることが望ましい。

(1) 学習環境の調整
　児童の学習意欲を喚起したり，効果的な学習を展開したりするためには，教室の環境を整備する必要がある。
・机の配置　・資料の展示や教具の配置　・通風，採光，適温等の環境衛生

(2) 指導者の心構え
　指導者として最も気を付けたいことは，指導者の目が児童の高さまで降りているかということである。これは単純に児童の目の高さで話すということではなく，児童一人一人に注意を払うとともに，親しみのある，愛情のある目で児童に接する心構えをつくっておくことである。
　そのためには，児童への十分な理解も必要であるし，教材研究をしっかり行い，綿密な指導計画と自信をもって児童の目の前に立たなければならない。
　したがって，次のことには最低留意すべきである。

○正確な言葉遣いをする。
○声の大きさ・高さ・速さ等，適切な話し方をする。
○きちんとした服装や姿勢で話す。
○落ち着いた態度で授業に臨む。
○始業と終業の時間を守る。
○児童の理解を十分に図る。
○児童を肯定的に見て，よさを引き出そうという気持ちをもつ。
○児童主体の授業を心がける。

(3) 児童の把握

　授業の中には児童が騒がしくなったり，活発に学習できないでいたりするものも見られる。これらの原因を考えると，その多くは指導者の児童理解が十分でない等の指導者側に起因しているものが多い。

　児童の把握を確かにするために次のことを心がけたい。
○児童をよく観察し，一人一人をよく理解しておくこと。例えば，児童の能力の差を知っておくこと，その児童がどんな健康状態にあるか知っておくこと，児童の情緒の安定が図られているか知っておくこと等である。
○児童の興味・関心や思考の傾向性などを捉えておくこと。こうしたことがしっかりなされていなければ，教材研究が児童に生きるものにならないし，児童に合った発問等もできない。
○学習の中での生活指導もしておくこと。指導者の発言ルールがしっかりしていないと児童はすぐにそういう雰囲気に流されてしまいがちである。
○児童を見る目が優しいこと。児童は，自分たちの学習を指導者が肯定的にみて励ましてくれていることが分かると真剣に学習に取り組めるようになるものである。もちろんこの逆も成り立つので，心したいことである。

(4) 学習への動機付け

　動機付けとは，児童をどう学習に引き込むかということであり，指導者にとっては大きな問題といえる。これについては，迂闊に方法のみの理解に走ると表面的なものになりやすいので気を付けると同時に，その基本原則についても知っておきたい。

　動機付けについては，賞罰を与える等の「外発的動機付け」と知的好奇心や向上心を喚起する等の「内発的動機付け」の2つに分けて考えられる。両方をうまく組み合わせていくことが大切だが，特に内発的動機付けを重視したい。

　内発的動機付けについては，次の事柄に留意して考えたい。
○児童の既有経験に結び付け，疑問をもてるようにする。
○児童の興味・関心を引く事実から疑問をもてるようにする。
○児童が必要感や使命感をもてるようにし，意欲を喚起する。
○児童が目的意識を明確にもてるようにし，意欲を喚起する。
○児童が自己実現への意欲をもてるようにする。

(5) 発問と指示・助言

　学習の充実を握る鍵の1つとして教師の発問や指示・助言がある。発問や指示・助言は，学習の過

程と学習内容及び教材，児童の意識等を有機的に結び付け，児童の思考を深めて学習目標を達成するためのものである。したがって，発問や指示・助言は思い付きで発せられるものであってはならない。あくまでも，ねらいをもって系統的にされなければならない。

以下の点に留意していきたい。

○正確な表現で具体的に話すことが必要である。また，端的に話すことも大切である。繰り返しはできるだけ避けたい。言い直し等は絶対に避ける。

○発問から児童が答えるまでには児童が考える間がなくてはならない。その間はあまり間延びしないことが望まれる。また，発問の中に答え方が示されていなければならない。そうでないと，児童の思考がまとまらないので注意したい。

○発問や指示・助言をする際，注意をしなければならない点については，以下のことを参考にしたい。

・観点のはっきりしない漠然としたものになっていないか。
・誘導的で要求した答えを導き出そうとするものになっていないか。
・威圧的な指示や助言になっていないか。
・児童の経験や能力を超えたものになっていないか。

○発問の目的は多様にある。目的に応じた発問の仕方，答え方を心がけることが大切である。

○指導者に都合のよい答え方をする児童がよい児童ではない。よい「問い」をもてる児童がよい児童である。したがって，発問も児童の「問い」を触発するものが望ましい。

○それ以外には次のような点に留意して発問したい。

・たとえ個人に向けられた発問であっても，全員が考えられるようになっていること。
・個人差に応じるように考慮されながら，その発問や応答の内容が全員の学習に位置付いていること。

(6) 発問の目的

発問はその目的について幾つかの種類に分けることができる。

○予備調査のための発問

児童の興味や能力・知識等を知って，以後の指導に生かすためのものである。

○動機付けのための発問

児童に学習への目標や興味をもてるようにしたり，思考を刺激したりするためのものである。

○学習を刺激したり発展させたりするための発問

児童の注意を集中したり，他の知識を適用したり，研究態度を促進したり，批判力を刺激したり，新しい興味を生起したり，発展的な思考を広げることができたりするものである。

○学習効果の測定や評価のための発問

児童の考えの変化をつかむ，児童に自己評価を促す等のものである。「分かりましたか」を繰り返すことではない。

(7) 児童の応答の扱い方

児童の応答を扱う時には次のことに留意したい。

○正答よりも誤答の方が発展性がある。

児童がみんなできる・分かっていることであれば取り立てて学習する必要はない。つまり，児童の誤りを正していくことが学習である。したがって，正しい答えからは次への発展

第4章 学習指導

性はないが，誤った答えは学習を先に進める効果をもっているのである。これが，誤答を大切にしていきたい所以である。

○児童の特性に応じる。

同じ答えでも児童によっては，ほめることが必要な時もあるし，不十分さを指摘することが必要な時もある。つまり，児童の能力に応じて評価を考えることが大事である。また，特に内向的な児童には，発表できたこと自体に喜びを感じられるようにしたい。

(8) 板書とノート

板書は1時間の学習の組み立てを構造的に書いたものであるといわれる。つまり，板書計画を立てることは，本時の学習の展開を指導案に書くのと同じ意味をもつということである。また，板書は最も効果的な視覚教材の1つでもある。学習内容を的確に，分かりやすく伝えることのできる機能をもつからである。

板書の機能の主なものとしては次のことがある。

・学習のめあてを明確にする。
・課題を示して学習の方向を明確にする。
・1時間の思考の流れを明らかにする。
・重要なことや要点を示す。

効果的な板書にするためには次のことに留意したい。

・簡潔に板書し印象を強める，多く書き過ぎることは避けたい。色チョークなどを工夫して使いたい。
・児童の発達を考えて，書く速さや字の大きさ等も考えたい。特に正しい文字で書くようにしたい。
・板書するタイミングの工夫をしたい。児童の応答内容を的確に書いておきたい。

ノートは児童の理解を確かめるために大事なものである。先生の板書のとおりに綺麗に写すことがよいノートの取り方ではない。児童の考えの変化や納得の過程が後で捉えられるものがよい。そのためには，学習の過程の中で，ノートに自分の考えを書く時間をとっていくことも大切である。

また，それに伴うノートの指導も大切にしたい。机間指導をする際に指導していきたい。さらに，児童のノートの内容を調べて，評価したり，さらに励ましたりすることも多くしていきたい。

(9) 指導者の位置と机間巡視

指導者の立つ位置もまた重要である。黒板の前の中央にいただけでは見えないところも，移動することによってはっきり見えてくる。それと同時に，児童の学習の様子も多面的に見えるようになるのである。例えば，教室の左側にいる児童が発表している時には，指導者は右側に移動することも必要である。なぜなら，児童は指導者の方を向いて発言しようとする傾向があり，対角線的に位置することで，児童の発言が全体に行き渡ることもあるからである。

その他には，次のことに気を付けるとよい。

・板書の時に児童から黒板が見えなくならないように気を付けること。机間巡視は児童の考えをつかんだり，実態を捉えたりするために重要な手段である。

主なねらいとしては次のものがある。

・個別にその児童の問題点を解決するための，助言や指導を行う（図工，書写，作文，練習学習等）。

- グループ学習が充実するための指導を行う（理科の実験等）。
- ノートの内容を把握し次の指導に生かす（児童の考えの傾向をつかんで次の学習の展開を工夫する等）。

(10) 教材・教具の扱い

　教材は，多様であるが，中心となるものは教科書である。国語の場合等はもとより，他の教科の学習でもよく使われるものである。ただし，教科書を使う時にも，「教科書を教える」という意識は間違いである。あくまでも「教科書で教える」ことを考えていなければならない。

　教具としては次のものがあげられる。

> ・実物　・標本　・スライド　・映画　・VTR　・TP　・写真　・グラフ資料　・絵
> ・見学資料　・児童作品　・立体模型　等

　これらを効果的に活用するためには，いつでも使えるように整理しておくことはもとより，目的に応じて，精選して使うことが大切である。あれもこれもと使おうとすると，かえって逆効果になってしまう。また，指導者側から与えたものばかりでなく，児童に資料づくりを促しそれを使うことも大切である。また，同じ教具でも活用法によって効果に大きく違いがあるので，使用法の研究も十分にしておきたい。

(11) 評価

　学習指導には評価が不可欠である。評価によって，指導内容が適切になり，指導法の改善も可能になる。

　学習指導の方向を示すものが目標や計画であるならば，その方向の舵取りが評価である。さらに，評価は，評価のための評価ばかりではない。特に，技能や態度，想像力や鑑賞力等の能力の評価は，学習指導の中で行われるものであり，教師の観察力が重視される。学習指導の終了後は，次のような点について授業自体の評価もしておかなければならない。

- 目標の捉え方はよかったか。
- 教材の選択は適切だったか。
- 学習過程は適切に機能していたか。
- 発問や助言・指示は適切であったか。
- 児童の興味・関心の高まりは見られたか。
- 目標は達成されたか。
- 目標達成が不十分だったとしたら何が原因か。

　こうして，検討した結果を生かして次の指導がなされて初めて，学習指導は完結するといってよいだろう。

Ⅳ 研究授業

1 研究授業の意義

　教育実習における「研究授業」とは，本実習を通して学校の教育活動に関わる中で身に付けた資質，技能を，学校における教育機能の中核を為す「授業」を通して，その成果を実習生が示す場である。教育実習のまとめとして，各学年の代表の実習生が授業を公開し，同学年に属する教員及び実習生が参観する。さらに，学校長，副校長，教務主任，大学の学部の教員が加わる。それまでに実践した授業の反省を生かし，実習生が総力をあげて教材研究や指導案作成にあたり，よりよい授業を目指して行う。よって，研究授業に臨む際には，授業そのものを改めて見直す必要がある。

　授業を成立させる要素として，「教師（手だて）」と「児童（学習活動）」と「教材」の三者をあげることができる。

　したがって，まず授業研究では，教師，児童，教材の三者の相互作用の究明が意図されなければならない。また，授業を，そうした三者の相互作用の過程として捉えるばかりでなく，学習の主体者である児童の変容の過程がどのようであるか，個人としての，集団としての変容はどのようであるかを明確にしなければならない。そうすることによって，授業研究は，教育課程の改善に資するとともに，教師の指導力の向上にも資することができるようになり，ひいては研究授業で行う授業の質の向上にもつながるのである。

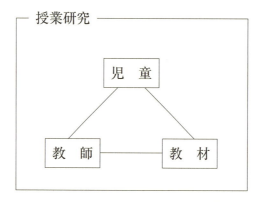

　上記の内容を踏まえて，以下に授業研究を行う際の3つの視点について述べる。
○第一の視点
　第一は，教師と児童との相互関係を追求していく視点である。授業前や授業中には，常に児童の実態を把握しておく必要がある。その捉えた実態に応じて，教師がどんな発問や助言をしたり，どんな手だてを行ったりしたのかを見ていくのである。また，その教師の支援によって児童がどのように変容したのかが視点になってくる。授業では，児童がAからA'に変わるものでなくてはならない。
○第二の視点
　第二は，児童と教材の相互関係を追求していく視点である。教材の価値，教材の構造はどのようになっているのか，教材が児童の実態に即しているか，学習内容を満たすものであるか等である。

教材のよし悪し（質，量，体系等）が児童の変容の過程（個人や集団）を決定していくものである。

○第三の視点

　第三は，教師と教材の相互関係を追求していく視点である。教材をどのような順序で提示し，どのような方法で学習させたらよいのか，授業中のプリントや学習形態等である。この視点は，授業展開の具体的方法にも関係しているが，第一の視点とも深い関わりをもっている。教材研究によって十分に吟味された教材の価値，教材の構造から，教材提示の順序・学習方法が打ち出されるが，児童の実態（態度・能力・理解）が，できるだけ綿密に把握される必要がある。

　そして，教材と児童の実態との相互関係から，児童と教材とを結び付けるのに最も適当な発問，手だて，示範等が決定される。

　上記のような意義を踏まえ，事前に十分に指導教員，配属学級の実習生等と検討を重ね指導案（全案…書式については後述）作成，教材準備等を行う。

　指導案については，具体的には以下のような点を明らかにしながら作成できるとよい。

- 教材の価値と教材の教育課程上の位置付け
- 指導目標や具体的な指導内容
- 児童の実態
- 学習指導の組み立てと具体的な学習展開
- 発問，助言，指示，評価，児童の反応とその取り上げ方
- 教科書，資料，教材・教具の取り扱い方
- 板書の仕方
- 教師の位置や机間指導の仕方
- 学習プリント等の工夫
- 一斉指導，個別指導，グループ指導の仕方　等

2 研究授業に関わる役割

　研究授業に関わる役割は，大まかに「事前」「授業」「授業後」において分担される。具体的には，事前においては「指導案配布・印刷」「事前説明会の司会」「事前説明会の記録」，授業においては「授業記録（教師の様子）」「授業記録（子どもの様子）」，授業後においては「授業研究会の司会」「授業研究会の記録」があげられる。

＜事前＞

○指導案配布・印刷

　授業者が作成した指導案を必要部数印刷し，配属学年の実習生とともに綴じ込みを行う。その後，全教員に配布する。

○事前説明会での司会

　研究授業を行う前に，授業者による指導案についての説明会を行う。その際に，司会者は説明会の内容と時間予定を，あらかじめ決めておき，黒板に明示しておく。説明会は，時間予定に沿って進行する。進行を司り，質疑を通して，研究授業を参観するものが視点を明確にして臨むことができるようにする。

○事前説明会での記録

　事前説明会での，授業者による指導案説明並びに質疑の様子を記録し，授業者が研究授業に臨む

第4章 学習指導

際に明らかにした方がよい点や授業における課題となりそうな点などを捉えて授業づくりができるように補助する。

<授業>

授業者以外の実習生は参観者として，事前説明会や個々に指導案を読み込んだことを基に，自分が授業者になったつもりで，児童の変容を発言やつぶやき，ノート等の記述からつかむことができるようにする。自分が授業をするのであればこのようにしたい，という腹案をもって授業を見て，実習録の所見欄に記述する。腹案を立てることによって，授業を見る観点が明らかになる。また，授業を，単に見ているだけでなく，自分なりの観点をもちながら，特に教師の発問と，児童の反応を明確にとらえ，記録するようにする。授業者の言動にのみに関心を奪われ，児童の動きを見失わないようにする。全体の児童，あるいは男女の差，特定のグループや個人を観察するのもよい。授業者や児童，他の実習生の迷惑にならないように移動して，児童を観察するとよい。そうすることによって，児童の変容の過程を捉えることができる。

○授業記録（教師の様子）

　授業中の発問や子どもとの関わり等，主に教師の様子について授業の時間の流れに沿って記述する。これは，授業後の研究会の資料として活用し，教育実習生相互の児童理解や教材研究の視点を広げていくことができるようにするものである。

○授業記録（子どもの様子）

　授業記録（教師の様子）と同様に，発言や活動の様子等，主に児童の様子について授業の時間の流れに沿って記述する。

3 学習指導の見方

(1) 参観のめあての決定

漠然と参観していたのでは，学ぶものは少なくなってしまう。次のような観点から，めあてをもって参観するようにしたい。

○児童の動きや教師の支援等，普段自分がもっている問題をどのように解決して授業が行われているか。

○自分がこの授業をするとしたら，どのように授業を行うか。

(2) 学習指導案の見方

内容

○その単元等に関わって，学習・生活経験を基に，評価規準の4つ（3つ）の観点から子ども一人一人のよさが分析されているか。

○教師の側から，どんな態度を，どんな考え方を，どんな知識・技能を培いたいのか。

○子どもの側から，どんな教材で，どのような過程に沿って学習を進めるのか，また，それぞれの過程でどんな力を身に付けていくのか。

○学習過程を通して，教師の動きと関わらせながら，どのようにして，環境づくり，教材の活用の仕方，学習形態の工夫等がされていくのか。

○その単元等の学習を通して，具体的に，子どもたちが，どんな資質や能力を培うのか。

○学習の全体計画や時間配当は適切か。

○本時の中核的な活動や手立てを通して，子どもたちがどんな資質や能力を培うのか。

○児童・教師，双方の立場から，本時に関わって必要なものは何か。
○どんな活動をするのか，学習の流れは明確にされているか。
○子どもたちの意識が，どのように変容していくのか。
○教師の動きと関わらせながら，どのようにして，環境づくり，発問，個別指導，教材の活用の仕方，評価，学習形態の工夫等がされていくのか。

(3) 学習環境の見方
○採光や通風等の物理的条件の整備はなされているか。
○学習活動を誘発するような教材の配置をしているか。
○教具や資料等が無駄なく配置されているか。

(4) 指導の見方
①指導態度について
○児童の自主性を尊重しようとしているか。
○指導者と児童の協力的な体制ができているか。
○一人一人に応じようとしているか。
○児童のよさを取り上げ，励ましていこうとしているか。

②指導技術について
○発問の意図が明確であり，応答の間も適切であるか。個人差を考慮した問いかけができているか。
○児童の発言の取り上げ方はどうか。早急に自分の判定を下すことなく，一人の児童の発言を他の児童へ普遍していこうとしているか。
○板書の内容・時期・構成（位置や大きさ，色チョークの使い方）等は適切か。
○指名が偏ったりしていないか，学習の進行の仕方は適切か。
○話し方（音量・速さ・用語）はよいか。
○教具の扱い方を十分心得ているか，使う時期や目的は適切か。
○児童一人一人を積極的に捉えようとしているか（机間指導の結果・発言内容・表情等を基に）。

(5) 児童の見方
○児童は，何を何のために学習するのか心得ているか。
○児童は，自分の学習経験や生活経験を生かして学習しているか。
○児童は，参考資料を効果的に使って学習しているか。

(6) 参観者の態度
○授業がよい・よくないという評価を下すだけでは価値がない。なぜ，そうなっているのかを考えながら参観することが大切であり，その原因を見付けることが収穫である。
○参観させてもらう以上，その学級の指導者や児童に敬意を払うようにしたい。挨拶をきちんとしたい。
○参観の記録を工夫してとるようにする。目的に応じて重点を決めて参観するようにしたい。指導者に着目したり児童に着目したり等，視点を明確にすることが大切である。

授業研究会を行う場合には，自分の記録を基にして授業の問題点や成果を明らかにし，研究会で建設的な意見が述べられるように考えをまとめておきたい。

以上，学習指導の進め方とそれに関わる問題について述べてきたが，これ以外にも大切な事柄は多い。そうしたことは，日常的に授業を進める中で気付き解決できるよう，常に意識をもって指導にあたっていくことが大切である。

＜授業後＞

授業後の研究会は，授業の価値である指導の妥当性，児童の実態把握の妥当性，展開と支援の妥当性等について話し合う場である。

研究会を進める上での留意点として，授業者は，授業意図，配慮事項，授業の反省等の説明をするとともに，討議してほしい話合いの課題を提示し，研究会が深まりのあるものになるように心がける。また，参会者は，実習で身に付けた授業の見方を生かして積極的に発言できるようにする。観察した事実を基にして，気付いたことや意見を述べることは，自己の考えを深めることになる。発言することは，授業を提示してくれた授業者への礼儀でもある。お互いの個性が鋭くみがかれるように努力したい。また，謙虚な態度を失わないようにする。共に研究し合う仲間としての態度が大切である。指導者であるかのような批判やあげ足をとるような言動はしないようにする。授業を通して学ぶことができたことに感謝したい。

○**授業研究会での司会者**

事前説明会の司会と同様に会の流れを明示しておくとともに，進行では授業研究の観点をしぼり，予想される問題を検討，考察しておくことが大切である。このことによって，研究会における様々な発言を討議の流れに位置付け，焦点化することができる。

また，最後に，本校教員，学部の先生に指導講評を仰ぎ，今後の授業研究の課題を明確にする。

○**授業研究会での記録者**

事前説明会の記録と同様に，授業研究会で討議されたり指導講評で話されたりした内容を記録にとり，実習生が今後の授業研究に生かすことができるようにする。

＜学年授業研究会＞

第5章

各教科等の特色と指導案の書き方

第5章　各教科等の特色と指導案の書き方

1　国語科

(1) 国語科の目標

> 国語を適切に表現し正確に理解する能力を育成し，伝え合う力を高めるとともに，思考力や想像力及び言語感覚を養い，国語に対する関心を深め国語を尊重する態度を育てる。

　国語科の目標は，前段と後段の大きく2つの部分から構成されている。

　前段の「国語を適切に～伝え合う力を高める」は，国語の能力の根幹となる，国語による表現力と理解力を育成することが国語科の基本的な目標であることを述べている。このような言語能力は，一人一人の児童が，相手，目的や意図，場面や状況等に応じて言語を主体的に用いることで日常生活で生きてはたらく力として育成することが大切である。

　後段では，「思考力や想像力」「言語感覚」「関心・態度」を育成することを述べている。「思考力や想像力」とは，言語を手がかりとしながら論理的に思考する力や豊かに想像する力である。また，「言語感覚」とは，言葉や言葉の使われ方に対する正誤・適否・美醜等の感覚である。そして「国語に対する関心」とは，児童が言葉に対して関心をもち，積極的に言語能力を高めようとすることを意味している。また，「国語を尊重する態度」とは，国語を守り洗練されたものにしていこうとする態度であり，さらに国語を一層優れたものに向上させていこうとする意欲や態度まで含み込んでいる。

(2) 国語科の内容

　小学校学習指導要領では，国語科の内容を，「A　話すこと・聞くこと」「B　書くこと」「C　読むこと」の3領域と「伝統的な言語文化と国語の特質に関する事項」の1事項に整理している。各領域の特性や指導すべき内容を明確にすることで，適切な表現力，正確な理解力を身に付け，伝え合う力を高めることを目指しているのである。

　また，各領域の能力を確実に身に付けられるように，領域ごとに「言語活動例」が示されている。児童の実態や指導事項に応じて，ここに例示されているような言語活動を通して指導事項を指導していくことが大切である。

　なお，国語科の指導内容は系統的・段階的に上の学年につながっていくとともに，螺旋的・反復的に繰り返し行うことを基本としていることから，2学年ごとのまとまりで示されている。

(3) 国語科指導の過程

①国語科の単元の学習過程

　国語科の単元の学習を進めていく基本的な過程は次のようなものである。

つかむ	この単元では何を，どのように解決していくのかという，学習課題をつかむ
ふかめる	追究方法と追究内容の見通しをもち，課題を計画的に追究していく
まとめる	追究結果をまとめたり，学習の成果を他の場面で生かしたりする

②国語科の授業の基本的な流れ

　国語科の一単位時間の学習を進めていく基本的な過程は次のようなものである。

導　入	この授業では何を，どのように解決していくのかという「本時のめあて」をつかむ
個別追究	一人一人が学習活動に取り組み，課題を解決していく
集団追究	一人一人が取り組んだ学習活動について学級全体やグループで話し合ったり，視点を基に，集団でよりよい考えに練り上げたりする
終　末	本時の学習を振り返る

(4) 国語科指導の特色

領域・ねらい等により，学習指導を進める際の留意点に差異はあるが，おおよそどの授業においても以下の指導があてはまる。

①教師の発言

子どもの変容を促す上で大変重要な手立てである。教師がどのような意図で，何を子どもたちに伝え，考えさせようとするかを整理し，明確な表現をしていくことが必要である。

> 指示…子どもの活動内容，手順，方法を示す言葉がけである。全ての子どもが内容を理解できるよう，簡潔で的確な言葉を選んで話すことが大切である。
> 発問…子どもの思考を促したり，さらに深めたりするための全体への問いかけである。子どもが何を，どのように考えたらよいかが分かるようにすることが大切である。
> 助言…活動が停滞したり，考えが深まらなかったりする子どもに対する言葉がけである。望ましい答えを教えるのではなく，つまずきを把握し，状況に応じた自力解決への道筋を与えることが大切である。
> 評価…子どもの活動の中からよさを認めたり，学習を深めるための方向性を指摘したりする言葉がけである。ねらいに照らして，明確な規準から評価していくことが大切である。

②教材・教具

国語科の教材は，教科書だけにとどまらず，単元の目標や子どもの興味・関心に応じて，多様に準備し，活用していくように心がけたい。以下にその例を示す。

> 挿絵・写真…子どもの想像，思考を促進するために有効なものを選び，言葉との関わりを明確にして提示したい。
> カ ー ド…重要な言葉をフラッシュカード等で提示する。既に分かっていることの確認や確実に教えたい事柄等は，あらかじめ書いておいてもよい。
> 作 品 例…教師が作成したものや前年度の子どもが作成したものを提示する。子どもが学習の見通しをもち，追究の際に参考にする上でのよきモデルとなる。
> ＩＣＴ機器…音声言語の学習では，録音・録画が有効である。子ども自身が自分の学習成果を振り返るためにも，教師がそのよさをみとるためにも積極的に活用したい。

③板書

国語科においては，板書自体が正しい国語表現であることが大切である。必要な言葉や文を丁寧で読みやすい文字で書き，授業の流れを示すとともに，言葉の関係性を明確に示す板書を心がけたい。以下に板書の機能の例を示す。

> ア：教材文を丁寧に写し，子どもの視写のモデルを示す。
> 　　　特に入門期では，子どもの視写と速さを合わせて行うことも必要である。
> イ：学習範囲の教材文を示し，子どもの発言を叙述と関わらせながら書く。
> 　　　叙述を基にした想像や思考を確かめたり深めたりする。
> ウ：重要な語句や文を強調して書いたり，フラッシュカード等に書いて貼ったりする。
> 　　　本時のねらいに照らして，必ず押さえたい言葉を明示し，確実に理解できるようにする。
> エ：特定の語句，文，段落等を取り出したり，並べたりして書く。
> 　　　意味や関係性を考えやすくしたり，整理したりする。位置を移動できるようにする場合もある。
> オ：挿絵や写真等の資料を貼る。
> 　　　資料の掲示だけに終わらず，必ず言葉との関わりも示すことが大切である。

(5) 学習指導案例

国　語　科　学　習　指　導　案

平成○○年○月○日（○）　第○校時　（○の○教室）○年○組　指導者　○○　○○

Ⅰ　単　　　元　　　にんぎょうげきを　しよう（『けむりの　きしゃ』）

Ⅱ　考　　　察

1　教材観

(1)　学習内容：学習指導要領上の位置付け

> 場面の様子について，登場人物の行動を中心に想像を広げながら読むこと。【C―読むこと　ウ】

(2)　培われる主な資質・能力

・目的に応じて，進んで音読したり，人形劇をしたりしようとする態度
・叙述や挿絵に即して，場面の様子を想像する力
・平仮名の読み方についての理解

(3)　単元を貫く言語活動及び教材の価値

本単元では，『けむりの　きしゃ』の人形劇をするという言語活動を，単元を貫いて設定した。その価値は以下のとおりである。

> **言語活動の価値**
>
> 子どもたちにとって，人形劇は身近な表現形式である。幼稚園やテレビで実際に目にしたことがある子どもも多いため，活動のイメージをつかみやすく，意欲的に取り組むことができる。また，人形の動かし方を考えるためには，登場人物の行動や場面の様子を考える必要がある。そのため，叙述や挿絵に着目して，登場人物の行動や場面の様子について，想像しながら読むことができる。さらに，人形劇に合わせて，音読の仕方を繰り返し練習することで，正しい平仮名の読み方を身に付けていくことができる。

本単元では，人形劇の教材として『けむりの　きしゃ』（教出1上）を取り上げる。その価値は以下のとおりである。

> **教材の価値**
>
> 落ちてきた流れ星を空に帰そうとする，えんとつそうじのおじいさんの優しさや，おじいさんへの流れ星の感謝の気持ちが描かれた心温まる物語であり，子どもたちにとって親しみをもって読むことができるようになっている。また，おじいさんと流れ星のせりふが平易な会話文で表現されていたり，行動の様子が大きな挿絵で描かれていたりするため，それらを手がかりとして，おじいさんと流れ星の様子について，子どもたちが想像を広げることができるようになっている。さらに，文章が分かち書きの短文で表現されているため，子どもたちが言葉のまとまりを意識しながら音読できるようになっている。

(4)　今後の学習

ここでの学習は，1年「げきを　しましょう」（『おおきな　かぶ』）での，物語を読んで，登場人物の行動を中心に場面の様子について想像を広げながら，劇をする学習へと発展していく。

(6) 国語科学習指導案作成上の留意点

Ⅰ 単　元
単元を貫く言語活動を単元名として記述するとよい。

Ⅱ 考　察
1　教材観

(1) 学習内容：学習指導要領上の位置付け

　この単元の学習内容が学習指導要領上のどの指導事項にあたるものなのかを，1つの指導事項に絞って記述する。各単元において位置付ける指導事項は，各学校で意図的・計画的に作成されている「年間指導計画」に基づいて記述する。

(2) 培われる主な資質・能力

　上記の指導事項に基づいて，「国語への関心・意欲・態度」「言語能力（話す・聞く能力，書く能力，読む能力）」「言語についての知識・理解・技能（伝統的な言語文化と言葉の特質に関する事項）」の3つの観点から，本単元で子どもたちに培われる資質・能力を具体化して示す。

```
── 培われる主な資質・能力の記述例 ──
国語への関心・意欲・態度　…　「（～しようとする）態度」「（～する）意欲」
言　語　能　力　　　　　…　「（～する）力」「（～する）能力」
言語についての知識・理解・技能　…　「（～についての）理解」「（～についての）知識」
```

(3) 単元の価値

　資質・能力を培う上で，本単元で設定する言語活動や主として扱う教材にはどのような価値があるのかについて，授業者の捉えを記述する。ここに教師の指導意図や教材理解が強く表れるため，教材研究を十分に行った上で記述したい。記述の際には上記の3つの観点ごとに，言語活動や教材の価値を記述するとよい。

```
── 単元の価値の記述の仕方 ──
・言語活動や教材の価値（内容面）を，「関心・意欲・態度」との関連から考察する。
・言語活動や教材の価値（構成面・表現面）を，「言語能力」との関連から考察する。
・言語活動や教材の価値（文法・表現）を，「知識・理解・技能」との関連から考察する。
```

　なお，国語科においては，「言語活動の価値」と「教材の価値」の両方を記述する場合と，「言語活動の価値」のみを記述する場合がある。

(4) 今後の学習

　子どもたちが，今後の単元でどのような学習活動を行うのかを明記する。その際，本単元の指導事項に応じて，関連の深い単元を1つ取り上げて記述する。

2　児童の実態及び指導方針

　この単元を学習する子どもたちが，これまでの学習経験からどのような実態にあるかを明らかにするとともに，本単元を通して教師が行う手立てを記述する。

「子どもたちはこれまでに，」～

　子どもたちの，本単元を学習するまでの学習経験を記述する。その際，本単元の指導事項に応じて，関連の深い単元を具体的にあげ，その単元で行った学習活動を端的に記述する。

第5章　各教科等の特色と指導案の書き方

2　児童の実態及び指導方針

　子どもたちは1年「たのしく　べんきょうしましょう」（『なかよし』，『あいうえお』）において，挿絵を見て想像した場面の様子を話し合う学習や，姿勢や口形，言葉のリズムに気を付けて音読する学習に取り組んできた。

　この学習の中で明らかとなった，子どもたちの実態及び本単元を進めるにあたっての指導方針は，次のとおりである。

- リズムに合わせて，進んで声に出して読もうとする思いをもつことができるようになってきている。このような子どもたちが，目的意識をもって，進んで物語を読もうとすることができるよう，人形劇をするという言語活動を単元を貫いて設定する。また，相手意識をもって学習を進められるよう，「ふかめる」過程において，自分の考えた人形劇をペアで発表し合う場を設定したり，「まとめる」過程において，『けむりの　きしゃ』の人形劇発表会を設定したりする。
- 挿絵を見て，場面の様子を想像できるようになってきている。このような子どもたちが，挿絵や叙述に即して場面の様子を想像することができるよう，一人一人が考えた人形の動かし方や会話文の音読の仕方について，挿絵や叙述を根拠として挙げながら話し合う活動を繰り返し設定する。その際，自分と友達の考えを比較しながら想像を広げられるよう，「人形の動かし方」「会話文の読み方」という観点を提示する。
- 平仮名の正しい読み方を理解してきている。このような子どもたちが，平仮名で書かれた文章を正しく読むことができるよう，会話文の音読の仕方を練習する活動を，繰り返し設定する。その際，音読の仕方のよさや課題点を明らかにできるよう，「言葉のまとまり」「聞きやすさ」という，よい音読のための観点を提示する。

Ⅲ　目標及び評価規準

1　目　標

　叙述や挿絵に即して，場面の様子を想像しながら読むことができる。

2　評価規準

⑴　人形劇をするという目的に応じて，進んで文章を読もうとしている。

⑷　登場人物の行動や会話に着目して，場面の様子を想像している。

⑸　平仮名の読み方を理解し，正しく読んでいる。

Ⅳ　指導計画（全7時間）

過程	学　習　活　動	時間
つかむ	○人形劇を見て気付いたことを話し合い，学習のめあてをつかむ。	1
ふかめる	○人形劇をするために必要なことを話し合ったり，『けむりの　きしゃ』の音読練習をしたりする。	1
	○場面ごとに，『けむりの　きしゃ』にふさわしい人形の動かし方や音読の仕方を話し合う。**（本時3/3）**	3
	○グループで，『けむりの　きしゃ』の人形劇を練習する。	1
まとめる	○『けむりの　きしゃ』の人形劇発表会を行う。	1

「この学習の中で明らかとなった」〜
　上記の学習経験から子どもたちが身に付けてきている資質・能力と，資質・能力を培うために設定する活動や取り上げる教材を記述する。その際，「国語への関心・意欲・態度」「言語能力（話す・聞く能力，書く能力，読む能力）」「言語についての知識・理解・技能（伝統的な言語文化と言葉の特質に関する事項）」の観点ごとに記述する。

児童の実態及び指導方針の記述の仕方

「〜ができるようになってきている。このような子どもたちが〜できるよう，〜を設定する。」
　　（児童の実態）　　　　　　　　　　　　　　　　　（培われる資質・能力）（教師の手立て）

- 「国語への関心・意欲・態度」に関わる実態
　　子どもたちが，どのようなことに興味・関心をもっているのか，どのような態度を身に付けてきているのかを記述するとともに，関心・意欲・態度を培うために，本単元では教師がどのような活動や教材を設定するのかを記述する。
- 「言語能力」に関わる実態
　　子どもたちが，どのような言語能力を身に付けてきているのかを記述するとともに，言語能力を培うために，本単元では教師がどのような活動や教材を設定するのかを記述する。
- 「言語についての知識・理解・技能」に関わる実態
　　子どもたちが，どのような言語についての知識・理解・技能を身に付けてきているのかを記述するとともに，知識・理解・技能を培うために，本単元では教師がどのような活動や教材を設定するのかを記述する。

Ⅲ　目標及び評価規準
1　目標
2　評価規準
　目標及び評価規準は，年間指導計画を参考に記述する。その際，学級の実態に応じて，修正を図ることもある。評価規準はⅡ-1-（2）で記述した資質・能力と関連付け，3つの観点から記述する。

Ⅳ　指導計画
　単元全体の指導計画を，年間指導計画を参考にして記述する。
　ここでは，単元を貫く言語活動を遂行していく中で，言語能力を，いつ，どのように身に付けていくのかを，教師が明確にもった上で，指導の手順及びそれに要する時間を記述していく。

＜授業中の子どもの様子＞

第5章 各教科等の特色と指導案の書き方

V 本時の学習

1 ねらい　おじいさんが流れ星を空へ返してあげる場面の人形劇の仕方を話し合うことを通して, おじいさんや流れ星の行動やせりふについて, 想像を広げて読むことができる。

2 準　備　教科書の3, 4場面を拡大したもの　おじいさんと流れ星の人形　えんとつの模型

3 展　開

学習活動と子どもの意識	指導上の留意点
1　本時のめあてをつかむ。 ・流れ星がけむりに乗って空へ帰っていく場面だね。 ・おじいさんと流れ星はどんな動きをしているのかな。 ・人形劇をするためには, 流れ星のせりふの読み方も工夫して読まないといけないね。 2　人形劇の仕方を考える。 ・おじいさんはえんとつの下でまきを燃やしているね。 ・流れ星はえんとつの上でお礼を言ったのではないかな。 ・流れ星は大きな声でおじいさんにお礼を言ったのだと思うよ。 3　考えた人形劇の仕方を話し合う。 ・○○さんの人形劇では, 流れ星はえんとつの上ではなく, 空に昇っている途中にお礼を言っているね。 ・お礼を言った時, 流れ星とおじいさんのいる場所は, 遠く離れているね。 ・だったら, 流れ星のお礼はもっと大きな声で言った方がいいね。 ・流れ星は, おじいさんの方を振り返りながら空に昇っていったのではないかな。 ・流れ星をえんとつから空に遠ざけながら, おじいさんの方を振り返って, 大きな声でお礼を言っているようにしよう。 4　本時のまとめをする。 ・おじいさんの動きやせりふを想像しながら人形劇の練習ができたよ。 ・グループでの人形劇発表会も上手にできるといいな。	○本時の学習場面を確認できるよう, 教科書の3, 4場面を拡大して黒板に掲示し, 登場人物や出来事を問いかける。 ○「おじいさんと流れ星の動き方やせりふの読み方に気を付けて, 人形劇をしよう」という本時のめあてをつかめるよう, 前時の学習内容や追究の観点「人形の動かし方」「せりふの読み方」を想起するよう促す。 ○友達の考え方と比べながら想像を広げられるよう, 人形劇の仕方を考える際には, 隣の友達と互いの人形劇を見合ったり, 相談し合ったりするよう助言する。 ○想像した場面の様子を明確にできるよう, 人形を動かしている子どもに, その動かし方の根拠を問いかける。 ○想像した場面の様子を全体で共有できるよう, 考えた人形劇の仕方を発表するよう促す。 ○想像した場面の様子を叙述や挿絵と結び付けて話し合えるよう, 人形の動かし方と会話文の音読の仕方, その根拠を学級全体に問いかける。 ○登場人物の位置関係や動きを確かめられるよう, 掲示した挿絵に, おじいさんの居場所を丸で囲んだり, 流れ星の動きを矢印で示したりする。 ┌──評価項目── │挿絵や叙述を根拠としてあげながら, 人形の │動かし方や, せりふの読み方を説明している。 │　　　　　　　　　　　　　　＜発言（4）＞ └──────────────── ○自分が考えた人形劇の仕方を繰り返し試せるよう, 各自で人形劇を練習する場を設定する。 ○次時への意欲をもてるよう, 場面の様子を想像しながら, 人形劇の仕方を考えられたことを賞賛する。

V 本時の学習
1 ねらい
　単元を貫く言語活動の内容を，本時の中心的な活動として具体化して記述するとともに，その活動を通して，どのような言語能力の育成を目指すのかを，単元の目標や評価規準を基に記述する。

2 準　備
　実際の授業で使う，掲示資料や学習プリント等の教材・教具を具体的に記述する。

3 展　開
(1) 学習活動を書く際の留意点
　①導入…「本時のめあてをつかむ」「本時の学習の見通しをもつ」等を学習活動として記述する。
　②展開…学習活動を細分化しすぎず，個の考えをもつ活動と，もった考えを学級全体やグループ等で練り上げる活動とに分ける等，1つまたは2つの中心的な学習活動を記述する。
　③終末…「本時のまとめをする」「本時の学習を振り返る」等を学習活動として記述する。

(2) 子どもの意識を書く際の留意点
　学習活動と対応させながら，1時間を通しての1人の子どもの意識の変容を想定して記述する。
　①導入…それまでの学習内容を想起している意識や，本時の学習への課題意識，学習への見通しをもった意識等を記述する。
　②展開…導入での子どもの意識が，学習活動の中で深まり，広がっていくように記述する。その際，友達の考えを聞いて自分の考えを確かにしたり，見直したりする意識が記述できるとよい。
　③終末…本時のねらいを達成した意識や，次時の学習への意欲をもった意識を記述する。

(3) 指導上の留意点を書く際の留意点
　本時のねらいを達成するための主な手立てを，以下の例のように具体的に記述する。
　その際，「(子どもが) ～できるよう，…する。」のように，目的を明確にして記述する。

問いかけ	「○○（登場人物）はどう思ったのかを問いかける」のように書くのではなく，「○○の心情を問いかける。」のように，問いかける内容を明確にして記述する。
促し	「～を参考にして記述するよう促す。」「～に気を付けて音読するよう促す。」等，子どもたちが意識すべき点を明確にして記述する。
助言	活動が進まない子どもの支援として用いることが多い。「○○の行動に着目して，そのときの気持ちを考えるよう助言する。」等，助言する内容を具体的に記述する。
賞賛	学習内容に即して，「観点に沿って記述できたことを賞賛する。」「根拠を明らかにして発言できたことを賞賛する。」等，望ましい姿を具体的に記述する。
提示	「○○を提示し，～に着目するよう促す。」「○○を提示し，～との違いを問いかける。」等，他の手立てと組み合わせて記述するとよい。
板書	板書の内容だけでなく，配置や色等，子どもたちの思考を整理するために必要な工夫を記述する。その際，子どものノートや学習プリントと板書を同じ構造にする等，関連を図れるとよい。
活動・場の設定	本時の学習内容に即して，話し合う活動や相互評価する活動，参考作品を自由に見られる場等の設定を具体的に記述する。 （例）「銃を下ろしたときの大造じいさんの気持ちと，そう考えた根拠を話し合う活動を設定する。」

第5章 各教科等の特色と指導案の書き方

2 社会科

(1) 社会科の目標

> 社会生活についての理解を図り，我が国の国土と歴史に対する理解と愛情を育て，国際社会に生きる平和で民主的な国家・社会の形成者として必要な公民的資質の基礎を養う。

「社会生活」とは，社会において人々が相互に様々な関わりをもちながら営んでいる生活のことであり，地域の地理的環境や組織的な諸活動の様子等とともに，我が国の国土の地理的環境や産業と国民生活との関連，我が国の歴史的背景等を含んでいる。

「我が国の国土と歴史に対する理解と愛情」とは，地域社会や我が国の国土の地理的環境，産業の様子及び先人の働き等についての学習を通して育てられるものである。身近な地域や市（区，町，村）や県（都，道，府）についての理解を深め，地域社会に対する誇りと愛情を育てるとともに，我が国の国土と歴史に対する理解と愛情を育てることをねらいとしている。

「公民的資質」とは，平和で民主的な国家・社会の形成者としての自覚をもち，自他の人格を互いに尊重し合うこと，社会的義務や責任を果たそうとすること，社会生活の様々な場面で多面的に考えたり，公正に判断したりすること等の態度や能力であると考えられる。また，日本人としての自覚をもって国際社会で生きるとともに，持続可能な社会の実現を目指すなど，よりよい社会の形成に参画する資質や能力の基礎をも含むものである。このような公民的資質は，社会の中で生きる市民・国民に必要なものであり，その基礎を養うことは，社会科の究極的なねらいになっている。

(2) 社会科の内容

小学校学習指導要領解説では，第3学年及び第4学年において地域社会に関する内容を，第5学年においては我が国の国土と産業に関する内容を，第6学年においては我が国の歴史と政治，国際理解に関する内容を，それぞれ取り上げることとしている。

第3学年及び第4学年では，自分たちの住んでいる身近な地域や市（区，町，村），県（都，道，府）の特色を理解するとともに，地域社会の一員としての自覚をもち，地域社会に対する誇りと愛情を育てる内容となっている。

第5学年では，我が国の国土と産業の様子や特色を理解するとともに，国土の環境保全や自然災害の防止の重要性，我が国の産業の発展と社会の情報化の進展についての関心を深め，国土に対する愛情を育てる内容となっている。

第6学年では，我が国の歴史や政治の働き，我が国と関係の深い国の生活や国際社会における我が国の役割を理解するとともに，我が国の歴史や伝統を大切にし国を愛する心情や，平和を願う日本人として世界の国々の人々と共に生きていこうとする自覚を育てる内容となっている。

(3) 社会科指導の特色
①社会科の単元の学習過程

社会では，社会的事象から自分で問題を見出し，予想し学習計画を立て，見通しをもった見学や調査，資料活用等を行い，社会的事象について考え，問題を解決する学習を展開することが大切である。主体的に社会的事象の特色や相互の関連，意味を考え，事象について捉えたことを生かし，自分自身の社会への関わり方や望ましい社会の在り方等を考えることができるように，単元の学習を進めていく。その過程は，次のようなものである。

つかむ	資料等を基に，自分なりに疑問点や調べたいことを考え，社会的事象に対して興味をもつ。また，資料等を基に，問題についての自分なりの予想や学習計画を考え，解決への見通しをもつ。
追究する	進んで社会的事象を観察・調査したり，基礎的資料を活用したりして，その特色や相互の関連，意味を考える。
まとめる	捉えた社会的事象の特色や意味を基に，事象と自分の生活との関わりを考え表現する。

②資料準備

　社会科における資料は，単元構想の過程で具体的に選び出され，作成され，学習過程に位置付けられなければならない。そのためには，指導者は学習内容の全体像を構造化して捉える必要がある。ここでの資料とは，実物，写真，地図，グラフや表といった統計資料等である。
　このような資料の選び出し，作成に際しては，次のような方法を用いることが考えられる。
○現場で実際に関わっている人から話を聞いたり，写真を撮ったり，実物などを入手したりする。
○情報通信機器（電話，ＦＡＸ，インターネット等）を活用し，資料を取り寄せる。
○教科書や資料集，図書資料等を活用する。
　これらを踏まえ，子どもが資料を効果的に活用できるように，着眼点を数値等で焦点化したり，表やグラフにまとめたり，提示する順番を考えたりする必要がある。
　また，資料の選択にあたっては，資料そのものがもっている特質について，以下のポイントを踏まえて考えていくことが重要である。
○子どもの発達特性に応じた資料
○子どもの見方・考え方と矛盾，対立する新しい事実や要素を含んでいる資料
○学習活動や子どもの考えを促進する資料
○単元全体を通して繰り返し生きて働く資料
○未来の予測や今後の自分たちの関わり方を考えることができる資料
　以上のような資料を子どもの学習状況に応じて提示することで，子どもたちの学びの広がりや深まりを得て，ねらいを達成することができると考える。

③追究方法

　子どもが進んで問題を解決していくためには，指導者は子どもの発達特性や学習内容に応じて，どのような追究方法が適しているかを判断し，単元構想をしていく必要がある。追究方法には，以下のようなものが例として考えられる。
○教科書や副読本，資料集，地図帳，図書資料，インターネット
○現場学習や電話，ＦＡＸ，手紙，メール，ゲストティーチャー等による聞き取り調査
　これらの追究方法は，それぞれが社会科において培う資料活用の技能に関わるものであり，どの追究方法が優れているということはない。このことを踏まえ，指導者自身が多様な追究方法を検討し，その中で得られる事実や事象同士の結び付きを明確に捉えておくことが大切である。
　また，調べたことをただ書き写すだけでは，子どもの資質・能力は培われない。調べて分かったことについて，それぞれの社会的事象を比較・関連付け・総合し，問題との結び付きを考えながら自分の言葉でまとめたり，色や矢印等を使って相手や目的に応じて考えを筋道立てて表現したりする等の活動があって，初めて資質・能力を培うことができる。

＜追究したことを交流する様子＞

(5) 学習指導案例

社会科学習指導案

平成〇〇年〇月〇〇日（〇）　第〇校時　（〇の〇教室）〇年〇組　指導者　〇〇　〇〇

Ⅰ　単　　元　　くらしを守る　―事こや事けんからくらしを守る―
Ⅱ　考　　察
1　教材観
(1)　学習内容：学習指導要領上の位置付け

> (4) 地域社会における災害及び事故の防止について，次のことを見学，調査したり資料を活用したりして調べ，人々の安全を守るための関係機関の働きとそこに従事している人々や地域の人々の工夫や努力を考えるようにする。
> ア　関係機関は地域の人々と協力して，災害や事故の防止に努めていること。
> イ　関係の諸機関が相互に連携して，緊急に対処する体制をとっていること。

(2)　培われる主な資質・能力
・地域の安全を守る活動に関心をもち意欲的に調べ，安全な生活の維持について考えようとする態度
・地域の安全を守る関係機関の働きやそこに従事する人々の工夫や努力を考える力
・地域の安全を守る活動を見学，調査したり，具体的資料を活用したりして，必要な情報を集めて読み取ったり，まとめたりする力
・安全を守るための関係機関の働きやそこに従事する人々の工夫や努力を理解する力

(3)　単元の価値

　本単元では，人々の安全な生活を守るための警察署等の関係機関や地域の活動，交通事故の問題等を対象として学習を行う。その価値は，以下のとおりである。

> 　警察署は自分たちの安全な生活を守る頼もしい存在であり，多くの機関と連携することで安全な生活の維持と向上に努めている。また，地域の人々も防犯活動や安全運動に取り組み，協力し合って生活を守っている。これらの事象を追究することは，警察署等の関係機関の働きやそこに従事する人々や地域の人々が様々な工夫や努力をして，安全な生活を守っているという公助，共助の働きを理解することにつながる。
> 　一方，子どもたちの身近で起こる交通事故発生という社会における問題は，尽きない現状もある。事故のない安全な生活の実現について考えることは，自らも地域の安全な生活を協力して守っていくことの大切さに気付くことができ，よりよい社会の一員となる礎を築くことになる。

(4)　今後の学習
　ここでの学習は，4年「水はどこから」で，飲料水に関わる対策や事業が人々の健康な生活や良好な生活環境の維持と向上に役立っていることを理解する学習へと発展していく。

2　児童の実態及び指導方針
　子どもたちはこれまでに，次のような学習に取り組んできた。
　4年「火災からくらしを守る」において，防火に関わる施設やそこに従事する人々の取組を見学・調査し，消火や防火の工夫や努力について話し合う学習。
　この学習の中で明らかになった，子どもたちの実態及び本単元を進めるにあたっての指導方針は，次のとおりである。

(6) 社会科学習指導案作成上の留意点

Ⅰ 単　元　→　単元名を記述する　―小単元名を記述する―

Ⅱ 考　察

　この小単元の学習を行うにあたって，どのような内容に基づいて指導を行うのか，単元を通して子どもたちに培われる主な資質・能力は何か，小単元で扱う社会的事象にはどのような価値があるのか，また子どもたちの実態に対して教師がどのような指導上の配慮を行うのかを記述する。

1　教材観

(1) 学習内容：学習指導要領上の位置付け

　この小単元が，学習指導要領上のどの内容に基づいて設定されたものかを明らかにする。社会科では，子どもたちの扱う具体的な対象，学習の仕方，考えること等が内容として示されている。そのため，教師は学習指導要領解説の該当部分を熟読し，理解する必要がある。また，左ページの指導案例のように，（　）の項に「次のこと」と表記されている場合は，調べる具体的な対象が示されている片仮名の項も含めて記述する。

(2) 培われる主な資質・能力

　上記の内容に基づいて，「社会的事象への関心・意欲・態度」「社会的な思考・判断・表現」「観察・資料活用の技能」「社会的事象についての知識・理解」の４つの観点から，本単元で子どもたちに培われる資質・能力を示す。

――― 培われる主な資質・能力の記述例 ―――

社会的事象への関心・意欲・態度	… 「（〜しようとする）態度」「（〜する）意欲」
社会的な思考・判断・表現	… 「（〜する）力」「（〜する）能力」
観察・資料活用の技能	… 「（〜する）力」
社会的事象についての知識・理解	… 「（〜についての）理解」「（〜についての）知識」

(3) 単元の価値

　ここでは，まず小単元で対象とする社会的事象を明確にする。そして，その事象にはどのような価値があるのかについて，培われる資質・能力の側面を考慮し教師の捉えを記述する。ここに教師としての事象の分析や扱う意図が強く表れるため，教材研究を十分に行った上で記述する必要がある。

――― 単元の価値に記述すべき内容例 ―――

- 「社会的事象の特性」等，小単元において扱う社会的事象は多種多様に存在することから，事象そのものの特性等との関連から後述の２点も含み考察する。
- 「今ある社会を理解する」等，社会科の学習内容として知識として身に付けることとの関連から考察する。
- 「これからのよりよい社会を考える」等，自分たちと事象との結び付きや関わり方，社会生活の中における今後の課題への取組等との関連から考察する。

(4) 今後の学習

　本小単元が今後どのような学習と関連し，発展していくのかを記述する。これから学習する単元についてが主となるが，内容的に関わりのある単元や，中学校の社会科と関連することも考えられる。

2　児童の実態及び指導方針

「子どもたちはこれまでに，」〜

　子どもたちが，本小単元を学習するまでに，どのような学習を行ってきたかを記述する。内容的に関わりのある小単元を具体的に列挙し，どのような学習活動であるかを端的に記述する。

第5章 各教科等の特色と指導案の書き方

- 前橋市の消防に関わる活動を調べたり，防火の大切さを考えたりすることに興味・関心を高めてきた。このような子どもたちが，一市民として安全な生活を守るために協力することへの興味・関心を高められるように，交通事故をなくすための取組を一人一人が考える場を設定する。
- 防火に関わる施設やそこに従事する人々の取組と自分の生活とを関連付けて考えられるようになってきている。このような子どもたちが，警察署等の関係機関の働きや地域の人々の取組と自分の安全な生活とを関連付けて考えられるように，調べたことを図に表す活動を設定する。
- 前橋市消防局の見学・調査を通して，必要な情報を集められるようになってきた。このような子どもたちが，警察や地域の活動を具体的に調べ，多くの情報の中から必要な情報を集めて読み取れるように，警察への調査を基にした情報を提示したり，資料コーナーを設置したりする。
- 消防の仕事が組織的・協力的に進められていることを理解してきた。このような子どもたちが，安全な生活の維持や向上のためには自分たちの協力も大切であることをより理解できるように，群馬県の子どもの交通事故をなくすためにできることを話し合う活動を設定する。

Ⅲ 目標及び評価規準

1 目標

警察署等の関係機関の働きとそこに従事する人々や地域の人々の工夫や努力を考え，それらが組織的・協力的に進められ，人々の安全な生活の維持と向上に役立っていることを理解する。

2 評価規準

(1) 事故や事件から人々の安全を守る工夫や努力に関心をもち，意欲的に調べたり，市民の一員として安全な生活をつくることに協力しようとしたりしている。

(2) 事故や事件から人々の安全を守る工夫や努力について，課題や予想，学習計画を考えたり，警察署等の関係機関の働きとそこに従事する人々や地域の人々の工夫や努力と市民の生活とを関連付けて考えたりして，表現している。

(3) 警察署の施設や設備等を観点に沿って調査したり，資料を活用して必要な情報を集めたりして，調べたことをまとめている。

(4) 警察署等の関係機関が地域の人々と協力して事故や事件の防止に努めていることや，そこに従事する人々が様々な工夫や努力をしていること，安全に対する一人一人の意識を高めることにより，市民の安全な生活が維持・向上されることを理解している。

Ⅳ 指導計画（全8時間）

過程	学習活動	時間
つかむ	○事故や事件の資料等から疑問点や調べたいことを考え，課題意識をもつ。 共通課題：事故や事件から，誰がどのようにして生活を守っているのだろう。 ○課題について予想し，学習計画を立てる。	1 1
追究する	○警察署の働きとそこに従事する人々や地域の人々の取組について調べる。 ○警察署の働きとそこに従事する人々の取組について話し合う。 ○地域の人々の取組について話し合う。**（本時）**	2 1 1
まとめる	○群馬県の交通事故をなくすために自分たちにできることを話し合う。 ○単元の学習を振り返る。	1 1

Ⅴ 本時の学習

1 ねらい　安全に関わる地域の取組についての様子を整理しながら話し合う活動を通して，人々の防犯活動や安全運動と関係機関との連絡・連携により生活が守られていることを理解する。

2 準備　交通指導員や防犯パトロールをしている人々の写真，子ども安全協力の家等，地域に設置されている安全に関する施設の資料

「この学習の中で明らかになった」～
　学習経験から子どもたちが身に付けてきている資質・能力と，それらをさらに培うための教師の間接的な手立てを記述する。その際，「社会的事象への関心・意欲・態度」「社会的な思考・判断・表現」「観察・資料活用の技能」「社会的事象についての知識・理解」の観点ごとに記述する。

---児童の実態・指導方針の記述例---

- 社会的事象への関心・意欲・態度
　子どもたちが，どのような社会的事象を調べたり，どのようなことを考えたりすることに興味・関心をもってきたのか，また，身に付けてきた態度についてを記述する。そして，さらにその態度を培うために，教師が設定する活動等を記述する。
- 社会的な思考・判断・表現
　子どもたちが，どのようなことを比較・関連付け・総合して考えられるようになってきているのかを記述する。また，さらにその思考力・判断力・表現力を培うために，教師が設定する活動等を記述する。
- 観察・資料活用の技能
　子どもたちが，観察・調査してきたことや，その中における資料活用の様子を記述する。また，さらに観察・資料活用の技能を培うために，教師が設定する活動や環境，また，提示する資料等を記述する。
- 社会的事象についての知識・理解
　子どもたちが，社会的事象の様子や働き，意味，特色について理解してきたことを具体的に記述する。また，新たな知識・理解を身に付けるために教師が設定する活動等を記述する。

Ⅲ　目標及び評価規準
1　目標

2　評価規準
　小単元の目標は学習指導要領に記述されている各学年の目標の方向に沿いながら，児童の実態と教材を結び付けることにより具体化された子どもの姿から設定されている。評価規準は，小単元の学習の目標をおおむね達成できた子どもの姿を4観点から記述する。

Ⅳ　指導計画
　指導計画を設定するにあたっては，学習内容や学年発達に応じて，子どもたちが主体的に問題解決を行うのにふさわしい学習活動，学習形態，配当時間等を選択し，全体を構造的に捉える必要がある。また，指導計画には，本時の位置付けを**（本時）**と明示する。

Ⅴ　本時の学習
1　ねらい
　中心的な目標に到達するためのもっとも大切な手立て（設定した学習活動）を簡潔に記述する。ここでは学習者である子どもが主語で書かれる。

2　準備
　本時の学習について必要となる資料等を記述する。特に社会科では，扱う資料は重要となる。また，教師と子どもがそれぞれ準備する物が明確に異なる場合は，分けて記述するとよい。

3　展　開

学習活動と子どもの意識	指導上の留意点
1　本時のめあてをつかむ。 ・警察は現場に早く向かうだけでなく，事故や事件のないときも大切な仕事をしていたのだったな。 ・地域の人たちの取組も調べたな。ぼくもたくさん調べたけど，友達が調べたことも知りたいな。 2　事故や事件の防止に対する地域の人々の取組を整理しながら話し合う。 ・「交通指導」や「防犯ボランティア」，「交通安全運動」等の言葉は，安全に大きく関わることとしてとても大切だよ。 ・なるほど，会社や店にある「子ども安全協力の家」は，警察などに連絡をして，安全を守っているから大切になるのだね。 ・みんなで調べたことを整理すると，活動や運動と安全に関わる施設やものに分けることができるのだな。 ・みんなから出た意見を線や矢印で結ぶと，活動やもの等の取組を通して警察や市役所，学校や家等，町内の全てが協力し合うしくみが見えてきたな。 ・活動や運動は当然大切だし，みんなで協力し合うしくみがあると，いざという時に安心だな。地域で安全な生活をしていくためには，今のような人々の取組は，どちらも必要だよ。	○前時の学習で明らかにした警察署の働きを確認できるように，学習内容を整理した掲示物を見るよう促す。 ○「地域の人々が，どのように安全な生活を守っているのか明らかにしよう」という学習の見通しをもてるように，学習計画に基づき，本時で話し合う内容について問いかける。 ○地域の人々の取組について調べた内容を全体で共有できるように，大切だと思う取組や言葉を出し合うよう促す。 ○地域の人々の取組を整理することができるように，出し合った言葉を分類したり，それぞれの大切さの軽重を考えたりするよう促す。 ○整理した内容と安全な生活との関連を明確にできるように，分類した理由や大切であると判断した理由を問いかける。 ○整理した内容と安全な生活との関連を視覚的に捉えられるように，出された意見を基に，色付けや矢印，線での結び付けをしながら板書する。 ○人々の活動や運動と関係機関の協力の両方が大切であることを考えられるように，片方の役割がない場合の安全性を問いかける。 ――― 評価項目 ――― 　安全な生活の維持・向上には，地域の人々の活動や運動，関係機関との連絡・連携が大切であることを記述している。 　　　　　　　　　　　＜学習プリント（4）＞
3　本時のまとめをする。 ・地域の人々の活動や運動と協力し合う仕組みがあるから，安全な生活が守られていたのだな。 ・自分も地域の一人として，安全な生活のためにできることを考えていきたいな。	○学習のまとめができるように，地域の人々の取組と安全な生活の維持・向上について明らかにできたことを振り返るように促す。 ○安全な生活への関わり方について関心を高められるように，自分たちも地域の一員であることを振り返りとして記述している子どもを賞賛する。

3 展開

本時の授業場面については,「導入→展開→終末」の過程を基本とし,展開の左側には「学習活動と子どもの意識」を,右側には「指導上の留意点」を記述する。

(1) 本時の展開を書く際の留意点

○「学習活動」について

本時のねらいを達成するための展開を記述していくが,子どもたちの主体的な学習を保証することが大切である。学習活動は一般的に「本時のめあてをつかむ活動(導入)」「中心となる活動(展開)」「まとめる活動(終末)」の3つが考えられる。多くの学習活動を設定すると,学習活動が複雑になり子どもたちを混乱させてしまうこともあるため,できるだけ中心となる活動に焦点をあてて記述する。なお,活動の主体者である「子ども」を主語にして記述する。

○「子どもの意識」について

それぞれの学習活動において,子どもたちがどのような意識をもつことができるのかを明確にする。そのためには,教材研究を十分に行い,本小単元で扱う社会的事象のもっている価値を教師が捉えていることが必要となる。

記述の際には,教師は子どもたちに「こう考えて欲しい」「こういう意見が出て欲しい」という想定が多くあるはずである。ここでは,その中でも,広がりや深まりのある意識はもとより,本時のねらいに迫る意識を中心として記述する。また,「まとめる活動」では,本時のねらいとしている子どもの姿を達成するために活動を展開していることから,その姿が当然,意識として表れなければならない。

○「指導上の留意点」

学習活動を展開するにあたっての具体的な手立てを記述する。特に,本時のねらいを達成するために設定される主となる学習活動においては,的確な手立てを位置付けるようにする。

(2) 指導上の留意点(指導案例においては,以下のように目的と手立てが記述されている)

過程	目的	主な手立てや留意点
導入	・学習内容を確認できるように ・学習への見通しをもてるように	・見るように促す・想起するように促す ・提示し〜問いかける・するように促す
展開	・共有できるように ・整理できるように ・関連を明確にできるように ・視覚的に捉えられるように ・考えられるように	・促す ・促す・助言する ・問いかける ・板書する ・問いかける　・促す
終末	・まとめができるように ・関心を高められるように	・振り返るように促す ・賞賛する

※上記の目的や手立て以外にも多くの指導上の留意点はある。

※展開において「設定する」「提示する」「板書する」等,間接的な手立てを記述する際には,子どもたちの思考を促進したり,着目できるようにしたりするための方法を具体化し合わせて記述する。

※授業において手立てを行う際には,一人一人の学習状況をみとり,応じていく必要がある。

第5章　各教科等の特色と指導案の書き方

3　算数科

(1) 算数科の目標

> 算数的活動を通して，数量や図形についての基礎的・基本的な知識及び技能を身に付け，日常の事象について見通しをもち筋道を立てて考え，表現する能力を育てるとともに，算数的活動の楽しさや数理的な処理のよさに気付き，進んで生活や学習に活用しようとする態度を育てる。

　目標では，まず，「算数的活動を通して」とある。この部分は算数科の目標全体にかかっており，それ以下の目標を実現するための，学習指導の進め方の基本的な考え方である。次に，「基礎的・基本的な知識及び技能」を身に付けることがあげられている。これは，生活や学習の基盤となるものであり，例えば数量や図形に関わる意味や概念，原理や法則，測定方法や作図方法等のことである。次に，「見通しをもち筋道を立てて考え，表現する能力」を育てることがあげられている。これは，問題解決のために必要不可欠な要素であり，解決への見通しを基に根拠を一歩ずつ明らかにしながら，具体物や言葉，数，式，図，表，グラフ等を用いて考えたことを表現したり説明したりすることである。次に，「算数的活動の楽しさや数理的な処理のよさ」に気付くことがあげられている。これは，算数の本質的な楽しさや有用性，簡潔性，一般性等のことである。さらに，「進んで生活や学習に活用しようとする態度」を育てることがあげられている。これは，子どもが算数で学習したことを生活や学習の様々な場面で進んで活用しようとすることである。そうすることで，学習が意味あるものとなり，算数のよさを実感を伴って味わうことができる。

(2) 算数科の内容

　小学校学習指導要領では，算数科の内容を「A数と計算」「B量と測定」「C図形」「D数量関係」の4領域に分け示してある。各領域は，共通な性格をもった内容を集め，整理してある。A，B，Cの領域はそれぞれ，数，量，図形に対応している内容である。それぞれの意味に加え，計算，測定，構成等を行うことと密接に結び付けて指導をすることが大切である。Dの領域は，数量や図形を取り扱う際の共通する内容であり，具体的には変化や対応等の関数の考えや式による表現，表やグラフ等の内容である。

(3) 算数科指導の過程

①算数科の単元の学習過程

　算数科の単元の学習を進めていく過程は次のようなものである。

つかむ	この単元で自分は何を解決していくのかという学習のめあてをつかむ。
解決していく	把握した問題に対する解決方法や結果の見通しをもち，問題を計画的に追求し，解決していく。
まとめる・生かす	発見した原理や法則をまとめたり，発展的に生かしたりする。

②算数科の授業の基本的な流れ

つかむ	この授業で自分は何を解決していくのかという本時のめあてをつかみ，把握した問題に対する解決方法や結果の見通しをもつ。
個別追求する	一人一人が問題解決に向けて根拠をもって考える。
集団追求する	一人一人が考えたことを「算数はかせ（はっきり・簡単・正確）」などの視点を基に話し合い，集団でよりよい考えに練り上げる。
まとめる	集団で練り上げた考えをまとめる。

(4) 算数科指導の特色

領域・ねらい・単元における位置付け等により，学習指導を進める際の留意点に差異はあるが，おおよそどの授業においても以下の指導があてはまる。

①算数的活動

算数的活動とは，子どもが目的意識をもって主体的に取り組む算数に関わる活動であり，その形態等に着目して整理すると，次のような8つに分類できる。

作業的な算数的活動	手や身体を使って，ものを作る等の活動
体験的な算数的活動	教室の内外において，各自が実際に行ったり確かめたりする活動
具体物を用いた算数的活動	身の回りにある具体物を用いた活動
調査的な算数的活動	実態や数量等を調査する活動
探究的な算数的活動	概念，性質や解決方法等を見付けたり，つくり出したりする活動
発展的な算数的活動	学習したことを発展的に考える活動
応用的な算数的活動	学習したことを様々な場面に応用する活動
総合的な算数的活動	算数のいろいろな知識，算数や様々な学習で得た知識等を総合的に用いる活動

低学年では，数量や図形に親しみがもてるよう，身体を使うことを中心とした算数的活動を設定するとよい。中学年では，身の回りから問題を見付けたり，既習事項と結び付けながら解決したりできるよう，具体的な操作等を中心とした算数的活動を設定するとよい。高学年では，簡潔，明瞭，的確に処理したり表現したりできるよう，思考的活動を中心とした算数的活動を設定するとよい。

②単元（授業）の構想

よい算数の授業をするためには，教師があらかじめ子どもに「何を考えさせ，何を理解させたいのか」を明らかにし，思考させたい内容と活動や行為をどう連続させるか吟味することが必要である。

また，明確にしたねらいに向けて，次のようなことを考えていくことが大切である。

> **ア　課題の選び方**
> 　原理や法則を発見し練り上げていくことができる単元を通した課題であるかどうか，または，1単位時間の学習に適した課題であるかどうかを確認するとよい。
> **イ　図表や教具の扱い方**
> 　授業で扱う1つ1つのものがねらいを達成するのに適したものかどうかを確認するとよい。また，黒板などで演示する場合は，同じものを子どもに与えるとよい。
> **ウ　発問の仕方**
> 　子どもの多様な発想を引き出せるような発問，子どもの思考が授業のねらいに向かうような発問を事前に準備しておくとよい。ただし，授業中は子どもの反応に応じて臨機応変に対応できるとよい。
> **エ　指名の仕方**
> 　指名は，意図的指名が望ましい。ねらいとの関わりを意識し，机間指導の段階から取り上げたい子どもの考えを吟味しておくとよい。
> **オ　板書の仕方**
> 　授業を行う際には，事前に板書計画を考えておくとよい。例えば，黒板を縦に3等分して板書する仕方がある。左側には確認すべき既習事項や本時のめあて，真ん中には子どもの問題解決に向けての考えや取り組み，右側には集団追求で抽出した考えやまとめを書く。
> **カ　評価の仕方**
> 　学習中の評価と学習後の評価について考えておく。子どもの学習状況を計画的にみとり，全員がねらいを達成できるよう支援を行う。また，教師の評価だけでなく，子どもの自己評価や相互評価についても考えておくとよい。

第5章　各教科等の特色と指導案の書き方

(5) 学習指導案例

算 数 科 学 習 指 導 案

平成○○年○月○○日（○）　第○校時　（○の○教室）○年○組　指導者　○○　○○

Ⅰ　単　　元　　　小数のかけ算を考えよう

Ⅱ　考　　察

1　教材観

(1)　学習内容：学習指導要領上の位置付け

> 小数の乗法及び除法の意味についての理解を深め，それらを用いることができるようにする。
> 【A数と計算（3）ア，イ，ウ】

(2)　培われる主な資質・能力

・小数の乗法に関心をもち，進んで生活や学習に活用しようとする態度
・小数の乗法について，論理的に考えたり，発展的・統合的に考えたりする力
・小数の乗法の計算をする技能
・小数の乗法についての理解

(3)　算数的活動の価値

　本単元では，小数の乗法が用いられる場合や，乗数が小数の場合の乗法の計算の意味や計算の仕方について，言葉，数，式，図，数直線を用いて考え，説明する算数的活動を設定した。その価値は，以下のとおりである。

> 　数直線を用いて，被乗数（基準とする大きさ）と乗数（割合）の関係を表したり，テープ図を用いて，乗数を0.1のいくつ分として表したりすることで，計算の意味や計算の仕方を考えることができる。そして，それらを説明し合うことで，小数の乗法の意味についての理解を深めることができる。

(4)　今後の学習

　ここでの学習は，5年「小数のわり算を考えよう」で，小数の除法が用いられる場合や，除数が小数の場合の除法の計算の意味や計算の仕方を考える学習へと発展していく。

2　児童の実態及び指導方針

　子どもたちはこれまでに，次のような学習に取り組んできた。

　4年「小数のかけ算とわり算を考えよう」で，被乗数が小数の場合の乗法の意味や計算の仕方を考える学習。

　この学習の中で明らかになった，子どもたちの実態及び本単元を進めるにあたっての指導方針は，次のとおりである。

・被乗数が小数の場合の乗法を，0.1（0.01）を単位として整数化したり，10倍（100倍）して整数化したり，単位換算して整数化したりする方法で求めることに興味・関心をもって取り組んできている。このような子どもたちが，乗数が小数の場合の乗法も，進んで0.1（0.01）や既習の計算のきまりを基に考えられるように，買い物場面などの日常の事象から学習課題を設定する。

・被乗数が小数の場合の乗法を，整数の乗法を基に考えられるようになってきている。このような子どもたちが，乗数が小数の場合の乗法も，整数の乗法を基に考えられるように，数直線やテープ図を用いながら，0.1（0.01）や既習の計算のきまりを基にして，小数の乗法の計算の意味や計算の仕方を考える活動を設定する。

・被乗数が小数の場合の乗法を，小数点の位置に留意して筆算を用いて計算できるようになってきている。このような子どもたちが，乗数が小数の場合の乗法も，十進位取り記数法を基に小数点の位

(6) 算数科学習指導案作成上の留意点

Ⅰ　単　元　→　単元名を記述する。

Ⅱ　考　察

　この単元の学習を行うにあたって，どのような指導事項に基づいて指導を行うのか，この単元で行う算数的活動にはどのような価値があるのか，そして児童の実態に対して教師がどのような指導上の配慮を行うのかを記述する。

1　教材観

(1) 学習内容：学習指導要領上の位置付け

　この単元が指導要領上のどの指導事項に基づいて設定されたものかを明らかにする。その際，位置付ける指導事項を教師の意図で自由に設定するのではなく，各学校で意図的・計画的に作成されている「年間指導計画」に示されている「目標」に基づいて設定することが望ましい。授業者は学習指導要領解説の該当部分を読み，理解しておくことが望ましい。

(2) 培われる主な資質・能力

　上記の指導事項に基づいて，「関心・意欲・態度」「数学的な考え方」「技能」「知識・理解」の4つの観点から，本単元で子どもたちに培われる資質・能力を示す。

培われる主な資質・能力の記述例

関心・意欲・態度　…　「（〜しようとする）態度」「（〜する）意欲」
数学的な考え方　　…　「（〜する）力」「（〜する）能力」
技　　　　　能　　…　「（〜する）技能」「（〜する）能力」
知　識　・　理　解　…　「（〜についての）理解」「（〜についての）知識」

---

(3) 算数的活動の価値

　培われる資質・能力を子どもたちが身に付けていく上で，本単元で設定する主な算数的活動にはどのような価値があるのかについて，授業者の捉えを記述する。ここに授業者の指導意図や教材理解が強く表れるため，教材研究を十分に行った上で記述することが望ましい。記述の際には上記の4観点に沿って，観点ごとにその価値を記述するとよい。ただし，領域，ねらい，単元により観点を絞って記述してもよい。

算数的活動の価値の記述例

・本単元を設定する主な算数的活動を，各観点との関連から考察する。
　「（算数的活動）をすることにより，（各観点で培われる能力）ができる。」

---

(4) 今後の学習

　この単元の学習をする子どもたちが，次の単元でどのような学習活動を行うのかを明記する。同じ領域の関連する単元を1つ取り上げるとよい。

2　児童の実態及び指導方針

　この単元を学習する子どもたちが，どのような実態にあるのかを明らかにするとともに，実態に応じて教師が行う間接的な手立てを記述する。

「子どもたちはこれまでに」〜

　子どもたちが本単元を学習するまでに，どのような学習を行ってきたのかを記述する。内容的に関わりのある単元を具体的にあげ，どのような学習活動であるのかを端的に記述する。

「この学習の中で明らかになった」〜

　学習経験から子どもが身に付けてきている資質・能力と，それをさらに培うための教師の間接的な手立てを記述する。その際，「関心・意欲・態度」「数学的な考え方」「技能」「知識・理解」の観点ごとに記述する。

置に留意して，正確に筆算を用いて計算できるように，計算問題に取り組む時間を確保する。
- 被乗数が小数の場合の乗法の意味や計算の仕方を理解してきている。このような子どもたちが，小数の乗法が用いられる場合や，乗数が小数の場合の乗法の計算の意味や計算の仕方を理解できるように，数直線やテープ図を用いて自分や友達が考えたことを説明する活動を設定する。

Ⅲ　目標及び評価規準

1　目　標

乗数が小数の場合の乗法の計算の仕方を考え，進んで生活や学習に活用する。

2　評価規準

(1) 乗数が小数の場合の乗法に関心をもち，計算しようとしている。
(2) 乗数が整数の場合の乗法を基に，乗数が小数の場合の乗法の計算の仕方を考えている。
(3) 乗数が小数の場合の乗法の計算ができる。
(4) 乗数が小数の場合の乗法の意味，計算の意味と計算の仕方を理解している。

Ⅳ　学習計画（全11時間）

過程	学　習　活　動	時間
つかむ	○乗数が小数の場合の乗法について考え，「かける数が小数のかけ算の計算の仕方を考えよう」という学習のめあてをつかむ。	1
解決していく	○（整数）×（帯小数）の計算の仕方を考え，話し合う。	1
	○（整数）×（純小数）の積は，被乗数よりも小さくなる根拠を考え，話し合う。（本時）	1
	○（小数）×（小数）の計算の仕方を考え，話し合う。	1
	○小数の乗法の計算練習をする。	1
	○小数で表されている長方形の面積の求め方を考え，話し合う。	1
	○小数の場合でも，計算のきまり（乗法の交換法則・結合法則・分配法則）が成り立つことを調べる。	1
	○複雑な小数の乗法の計算の仕方を考え，話し合う。	1
	○あるリボンの長さを基に，倍や倍に当たる大きさの求め方を考え，話し合う。	2
まとめる・生かす	○もとにする量を変えたときの倍の大きさを比較し，その結果を話し合う。	1

Ⅴ　本時の学習

1　ねらい　0.7mのリボンの代金を求める場面で，80×0.7の積が80よりも小さくなる根拠を考え，話し合うことを通して，純小数をかけると積は被乗数より小さくなることを理解する。

2　準　備　数直線　テープ図　数直線やテープ図がかかれた学習プリント

3　展　開

学習活動と子どもの意識	指導上の留意点
1　本時のめあてをつかむ。 ・□に2，3，2.3を入れると，積はどれも80より大きくなったな。かけ算だから積が80より大きくなるのは当然だよ。	○前時までの学習を振り返ることができるように，「1m 80円のリボンを□m買うといくらですか。」という問題を提示し，□に2，3，2.3を入れた積と，80との大小関係を問いかける。

児童の実態及び指導方針の記述

例
「～ができるようになってきている。このような子どもたちが～できるように，～を設定する。」
　　（児童の実態）　　　　　　　　　　　　　　　　　　（培われる資質・能力）（教師の手立て）

・関心・意欲・態度に関わる実態
　子どもたちが，どのようなことに興味・関心をもっているのか，どのような態度を身に付けてきているのかを記述する。さらにその態度を培うために，教師がどのような学習課題や活動を設定するのかを記述する。
・数学的な考え方に関わる実態
　子どもたちが，どのような数学的な考え方を身に付けてきているのかを記述する。さらにその能力を伸ばすために，教師がどのような活動を設定するのかを記述する。
・技能に関わる実態
　子どもたちが，数量や図形についてどのような技能を身に付けてきているのかを記述する。さらに技能を伸ばすために，教師がどのような学習課題や活動を設定するのかを記述する。
・知識・理解に関わる実態
　子どもたちが，数量や図形についてどのような知識・理解を身に付けてきているのかを記述する。さらにその知識・理解を深めるために，教師がどのような活動を設定するのかを記述する。

Ⅲ　目標及び評価規準

1　目標
2　評価規準

　目標，評価規準は，年間指導計画及び指導資料を基に記述する。培われる資質・能力は，関心・意欲・態度，数学的な考え方，技能，知識・理解の4観点から考えることができる。単元の目標はこの4観点を包括したものと捉えられる。

Ⅳ　学習計画

　学習計画は，年間指導計画及び指導資料を基に記述する。本時の位置付けを**(本時)**と明示する。
　ここでは，指導の手順及びそれに要する時間が書かれる。単元の目標や児童の実態を踏まえ，学習活動と時間を記述する。

Ⅴ　本時の学習

1　ねらい

　単元の目標を達成するために，本時は何を学習するのか，子どもを主語にして端的に記述する。本時の中心的な活動や手立てと，子どもに培わせたい資質・能力を一文で書く。

ねらいの記述例

「（本時の中心的な活動や手立て）を通して，（子どもに培わせたい資質・能力）ができる。」

2　準備

　本時の活動に必要なものを，子ども・教師双方の立場から記述する。（教科書，ノート，筆記用具は書かない。ここで書いたものは，展開の中で使い方を説明する）

・□に0.7を入れると，積は80より小さくなってしまったよ。 ・かけ算なのにどうして積は80より小さくなってしまったのだろう。 ・テープ図や数直線を使えば考えられそうだね。 2　80×0.7の積が80より小さくなる根拠を考える。 ・0.7mは1mよりも短いのだから，代金は80円より安くなるのに決まっているよ。 ・数直線に表すと，1mのところは80円，0.7mのところは56円とかけるぞ。 ・0.7mは，0.1m　8円が7個分ということだな。 3　80×0.7の積が80より小さくなる根拠を学級全体で話し合う。 ── 数直線で考えた子どもの意識 ── ・0.7は1より左にあるから，積も80より左にくるのだね。 ・かけ算のときはいつも積が1より右だったけど，左のこともあるのだね。 ── テープ図で考えた子どもの意識 ── ・0.7をかけることは0.1の7個分の代金を求めることなのだね。 ・56円は0.1の値段8円の7個分だから10個分の80円に届かないね。 ・1より小さい数をかけると，かけられる数より小さくなるのだね。 4　本時のまとめをする。 ・0.1のいくつ分としたり，1mの値段をもとにする量としたりして考えたら，かける数が1より小さいと，積はかけられる数より小さくなることが分かったね。	○「かけ算なのに，どうして積はかけられる数より小さくなるのかを考えよう」という本時のめあてをつかめるように，□に0.7を入れた積と，80との大小関係を問いかける。 ○解決方法の見通しをもてるように，既習の80×2.3の解決方法を想起するよう促す。 ○一人一人の子どもが自分の考えをもてるように，数直線やテープ図がかかれた学習プリントを，必要に応じて配付する。 ○解決できない子どもには，2量の関係を捉えられるように，1m，0.7mとそれぞれの代金の関係を数直線に書き込むよう促す。 ○解決できた子どもには，解決方法を一般化できるように，0.6mの代金と80円との大小関係，そのように考えた根拠を問いかける。 ○80×0.7の積が80より小さくなる根拠を理解できるように，0.1のいくつ分として考えたり，1mを基準として考えたりした子どもを意図的に指名し，それらを図を用いて説明するよう促す。 ── 評価項目 ── 　純小数をかけると積が被乗数よりも小さくなる根拠を，1mの値段をもとにする量としたり，0.1のいくつ分で捉えたりして，記述したり説明したりしている。　＜ノート・発言（2）＞ ○0.7以外の純小数でも同じことがいえることを理解できるように，□に0.4や0.9を入れた積について考えるよう促す。 ○純小数をかけると，積は被乗数よりも小さくなることを理解できるように，積は被乗数よりも小さくなる根拠を問いかける。 ○純小数をかけると，積が被乗数よりも小さくなる根拠を説明できたことを賞賛する。

3　算数科

3　展　開

　子どもの学習に直接関わるところであるため，ここでは，具体的な記述が要求される。「学習活動と子どもの意識」では，子どもが学習するにあたっての主な活動やその時の子どもの意識を学習の流れに沿って記述する。「指導上の留意点」では，全員がねらいを達成できるような支援を具体的に記述する。

(1) 本時の展開を書く際の留意点

学習活動と子どもの意識	指導上の留意点
学習活動 ○子どもが主語。 ○「つかむ」「個別追求する」「集団追求する」「まとめる」の4つの過程で記述する。 ○主な学習活動を記述する。 子どもの意識 ○教師の手立てに対する子どもの反応を予想して記述する。 ○学習活動に合わせて，ねらいに到達するまでのステップが分かるように記述する。 ○最後にどのような意識に到達すればよいのかを記述する。	○教師が主語。 ○「つかむ」過程では，課題をつかむための手立てや見通しをもつための手立てを記述する。 ○「個別追求する」過程では，個に応じた手立てや活動を促進させるための手立てを記述する。 ○「集団追求する」過程では，考えを練り上げられるような手立てを記述する。 ○「まとめる」過程では，本時の学習を振り返ることができるような手立てを記述する。 ―― 指導上の留意点の記述例 ―― 「（目的）できるように，（手立て）する。」

(2) 指導上の留意点の書き方例

つかむ	○「九九パズルゲームから九九のきまりを見付けよう」という本時のめあてをつかめるように，11の段までの九九表の枠や裏返したピースを**提示し**，前時との違いを**問いかける**。 ○解決方法の見通しをもてるように，宝の地図と3つの条件を**提示し**，前時までの学習内容を想起するよう**促す**。
個別追求する	○異分母分数の加減計算の仕方を理解できるように，円を6等分した面積図や数直線を**提示する**。 ○解決できない子どもには，合計数との差で求めることに気付けるように，「全部が6個で」「1つが□だから」「もう1つは△個になる」等のカードを**配付する**。
集団追求する	○よりよい測定方法に気付けるように，「分度器を使う回数」「補助線の本数」「計算の回数」を**問いかける**。 ○1/4 mは1 mを基にしている量分数であることを理解できるように，分割分数である1/3と比較するよう**促し**，1/4 mになる根拠を**問いかける**。
まとめる	○本時の学習を振り返られるように，10の束を基にして78÷3の計算の仕方を説明するよう**促す**。 ○次時への意欲がもてるように，増加の場面と合併の場面との相違点を，「増える」という言葉に着目して説明できたことを**賞賛する**。

第5章 各教科等の特色と指導案の書き方

4 理科

(1) 理科の目標

> 自然に親しみ，見通しをもって観察，実験などを行い，問題解決の能力と自然を愛する心情を育てるとともに，自然の事物・現象についての実感を伴った理解を図り，科学的な見方や考え方を養う。

　この目標は，小学校における理科教育の方向を示すものである。小学校の理科教育は，子どもたちが自然に親しみながら，これまでもっていた自然に対する素朴な見方や考え方を，観察・実験などの問題解決の活動を通して，科学的な見方や考え方へと変容させていく営みであることを示している。
　理科の学習では，自然の事物・現象に直接関わることにより子どもたちが自ら問題を見出す。そして，問題解決するために，必要な観察・実験を計画し，追究の見通しをもつ。そして，観察・実験などによって得られた結果を整理し，それを基に考察して問題の答え（結論）を導き出す。これらの過程を通して，子どもたちは，自然の事物・現象の性質や規則性などについて理解したり，問題解決の力を身に付けたりする。さらに，追究してきた性質や規則性などを自然や日常生活に照らし合わせたり，ものづくりをしたりして，実感していく。このように，理科は自然の事物・現象についての知識・理解にとどまらず，自然の事物・現象を追究する能力や態度も育む学習であるといえる。

(2) 理科の内容

　理科の内容は，教科目標を実現するために，対象の特性や，児童が身に付ける科学的な見方や考え方などに基づいて精選され，2つの領域に分けられている。
　「A　物質・エネルギー」領域では，物質の性質や状態の変化について時間，空間などの条件を制御した実験や，物質の性質などを利用したものづくりを行う。
　「B　生命・地球」領域では，動植物の実際の生活や成長に関する諸現象や，地層や天体などのスケールの大きい諸現象について，諸感覚を使いながら飼育や栽培，観察，観測を行う。
　2つの領域に関連のある内容や発展的な内容では，領域の枠にとらわれずに，地域の自然を生かした指導が行われるように考慮していくことも大切である。

(3) 理科指導の過程

　理科の単元の学習を進めていく過程は次のようなものである。

ふれる	対象となる自然の事物・現象を試行したり観察したりして，既有の知識や，これまでの経験では解決できない問題を見出す。
さぐる	見出した問題について，これまでの経験を基に予想・仮説をもち，その検証のための観察・実験を計画する。そして，観察・実験を行い，その結果を基に考察し，対象となる自然の事物・現象の性質や規則性についてまとめる。
実感する	追究によってまとめた自然の事物・現象の性質や規則性などを自然や日常生活に照らし合わせて捉え直したり，それを生かしたものづくりをしたりする。

(4) 理科指導の特色

①教材

自然の事物・現象の中から児童の実態，教材の価値などから学習内容にふさわしい教材を準備する必要がある。その際，安全面の配慮を欠かさず，事前の観察や予備実験を十分に行わなければならない。

> ア 「ふれる」過程：自然の事物・現象と出会う場面の教材
> ・子どもの知的好奇心を満たし，気付きや疑問をもつことができるもの。
> ・自由に試行したり実際に観察したりできるもの。
> イ 「さぐる」過程：問題について予想・仮説をもったり考察したりする場面の教材
> ・追究している問題や予想・仮説を確かめられるもの。
> ・結果が明確に得られるもの。
> ・子ども自身が操作できるもの。
> ウ 「実感する」過程：自然の事物・現象を自然や日常生活に照らし合わせて実感する場面の教材
> ・自然の事物・現象の性質や規則性などを活用したり当てはめたりできるもの。
> ・ものづくりや現場学習などを通して，諸感覚を使って実感できるもの。

②問題

子どもが主体的に問題解決を行うために，子どもが見出す問題の内容が大切である。

> ア 問題を設定する際の留意点
> ・問題解決を通して，対象となる自然の事物・現象の性質や規則性などを理解できるようにする。
> ・問題解決を通して，学年の問題解決の能力の育成が図られるようにする。
> ・日常生活や学習経験を基にして多様な予想・仮説をもつことができるようにする。
> ・子どもが実際に調べたり確かめたりできるようにする。
> ・論理的に問題解決を行うために文末に「？」が付く文（疑問形）になるようにする。

③観察・実験

観察・実験は，問題解決の中核に位置付けられるものであり，問題についての予想・仮説を検証するための手段である。観察・実験を行ったり，そこから得た結果を用いたりすることで，対象となる自然の事物・現象の性質や規則性などに気付いたり，問題解決の力を身に付けたりできるようにする。

> ア 内容
> ・観察・実験の目的を明確にする。
> ・子どもが方法や装置などの観察・実験計画について工夫できるようにする。
> ・器具の操作や結果の整理の仕方など，基本的な技能を身に付けられるようにする。
> イ 結果の整理
> ・複数の結果を整理して提示することで，結果全体の共通性を見出すことができるようにする。
> ・表やグラフを用いたり，視点を基を比較したりできるようにする。
> ウ 安全面
> ・予備実験を必ず行い，器具・薬品の量，手順など，様々な危険をあらかじめ把握し防止する。
> ・授業中は，机間巡視を行い，危険防止に努める。

(5) 学習指導案例

理 科 学 習 指 導 案

平成〇〇年〇月〇〇日（〇）　第〇校時　（〇〇〇〇）〇年〇組　指導者　〇〇　〇〇

Ⅰ　単　　元　　　風やゴムの力で車をぴったりに止めよう

Ⅱ　考　　察

1　教材観

(1)　学習内容：学習指導要領上の位置付け

> A物質・エネルギー（2）風やゴムの働き
> 　ア　風の力は、物を動かすことができること。
> 　イ　ゴムの力は、物を動かすことができること。

(2)　培われる主な資質・能力

- 風やゴムの力を働かせた時の現象を興味・関心をもって追究し、見出した特性を生活に生かそうとする態度
- 風やゴムの力を働かせた時の現象を比較しながら問題を見出し、差異点や共通点について考察し表現する力
- 簡単な器具や材料を見付けたり、使ったり、つくったりして観察・実験や、ものづくりを行い、その過程や結果を分かりやすく記録する技能
- 風やゴムの性質や働きについての理解

(3)　本単元の学習とその価値

本単元は、車を風やゴムの力で動かし、意図した所に止めるために、風やゴムの働きについて調べる学習である。その価値は、以下のとおりである。

> 風やゴムは日常生活の様々な場面で利用され、子どもたちも体全体で風を感じたりゴムを使ったりしている。風やゴムを追究することは、風やゴムが物を動かすという働きについての見方や考え方をもつことができる。また風やゴムの力を追究する際、自らの車を風やゴムの力で動かし、意図した所に止めるという「ぴったりゲーム」を行うことは、風やゴムの力の強さと物の動き方との関係に焦点を絞ることができる。また、一人一人が自らの車をもち、繰り返し走らせることは、風やゴムの力の強さの違いによって、物の動き方に変化があり、力が強ければ強いほど、物がよく動くという風やゴムの働きについて実感を伴った理解を図ることができる。

(4)　今後の学習

ここでの学習は、4年「電気の働きを調べよう」で、乾電池や光電池の数や向きと、モーターの回り方の違いの関係について調べる学習へと発展していく。

2　児童の実態及び指導方針

子どもたちは、3年「磁石迷路を作ろう」で、楽しい磁石迷路をつくるために、磁石が引き付ける物と引き付けない物や、磁石の極の性質、磁化した鉄の様子について調べてきた。この学習の中で明らかになった、子どもたちの実態及び本単元を進めるにあたっての指導方針は、次のとおりである。

- 磁石の性質についての気付きや疑問を基に、主体的に調べられるようになってきている。このような子どもたちが、風やゴムの働きについての気付きや疑問を基に、主体的に調べられるように、ふれる過程で「ぴったりゲーム」という風やゴムで動く車を意図した所に止めることを繰り返し試行する活動を設定する。

(6) 理科学習指導案作成上の留意点

Ⅰ 単　　元
単元名を記述する。

Ⅱ 考　　察
本単元で子どもに身に付けさせたい「学習内容」「培われる主な資質・能力」を明らかにする。そして，教師が捉えた「単元の価値」を示す。さらに「子どもの実態」を明らかにし，その実態に応じて，学習内容や培われる資質・能力を身に付けることができるような教師の手立てを「指導方針」として記述する。

1 教材観
(1) 学習内容：学習指導要領上の位置付け

学習指導要領上に示された本単元での学習内容を明らかにする。その際，授業者は学習指導要領の該当部分を読み，理解しておく必要がある。

(2) 培われる主な資質・能力

上記の学習内容に基づいて「自然事象への関心・意欲・態度」「科学的な思考・表現」「観察・実験の技能」「自然事象についての知識・理解」の4つの観点から，本単元で子どもたちに培われる資質・能力を示す。「科学的な思考・表現」については，各学年の問題解決の能力に応じて記述する。

```
― 培われる主な資質・能力の記述形式例 ―
自然事象への関心・意欲・態度 … 「(～しようとする) 態度」「(～する) 意欲」
科 学 的 な 思 考・表 現 … 「(～する) 力」「(～する) 能力」
観 察・実 験 の 技 能 … 「(～する) 技能」
自然事象についての知識・理解 … 「(～についての) 理解」
```

(3) 本単元の学習とその価値

培われる主な資質・能力を子どもたちが身に付けていく上で，本単元の学習内容の価値及び，本単元で設定する主たる学習活動や教材の価値について，授業者の考えを記述する。ここに授業者の意図や教材理解が強く表れるため，教材研究を十分に行った上で記述する必要がある。文章の最後は，「(～について) 実感を伴った理解を図ることができる。」とする。

```
― 単元の価値に記述される内容 ―
・対象となる自然事象と子どもたちの日常生活や実態との関連から考察したこと。
・子どもたちが主体的に単元を追究するために設定した活動や教材について。
・単元の追究を通して，子どもたちが獲得する自然事象に関する知識・理解について。
```

(4) 今後の学習

今後学習する本単元と関わりが深い単元とその学習内容を端的に記述する。

2 児童の実態及び指導方針

子どもたちが，どのような実態にあるかを本単元との関わりから明らかにするとともに，実態に応じて授業者が設定する間接的な手立てを記述する。

- 磁石が引き付ける物と引き付けない物や，磁石のS極やN極の性質などについて比較しながら磁石の性質を考察できるようになってきている。このような子どもたちが，車に強さの異なる風を当てた時や，ゴムののばし方やねじり方を変えて車を走らせた時の車の動き方について比較しながら風やゴムの働きを考察できるように，実験結果を用いて風やゴムの働きについて説明する場を設定する。
- 磁石や方位磁針を用いながら磁石の性質について調べる技能や，実験結果を分かりやすく記録する技能を高めてきている。このような子どもたちが，風やゴムの力の強さと車の走る距離の関係について調べる技能や，実験結果を分かりやすく記録する技能を高めることができるように，車にあてる風の強さや，ゴムをのばす長さ，ねじる回数などの実験計画を話し合う活動を設定したり，結果を記録する表を用意したりする。
- 磁石迷路を作り，磁石の性質について理解してきている。このような子どもたちが，風やゴムの働きについて理解できるように，風やゴムの働きを利用したおもちゃをつくる活動を設定する。

Ⅲ 目標及び評価規準

1 目標
風やゴムの働きの違いによる物の動き方を比較しながら追究する活動を通して，風やゴムの働きについての見方や考え方をもつ。

2 評価規準
(1) 風やゴムの働きの違いによる物の動き方に興味・関心をもち，風やゴムの働きについて見通しをもって追究している。

(2) 風を当てた時や，ゴムをのばしたりねじったりした時の物の動き方について，これまでの生活経験や体感を基に予想して調べる計画を立て，追究した結果から風やゴムの力の強さと物の動き方との関係を考察し，表現している。

(3) 風やゴムの力の強さと物の動き方との関係を工夫して調べ，その過程や結果を表に分かりやすく記録している。

(4) 風が物にあたる強さによって物を動かす働きが変わることや，ゴムが元に戻ろうとする力の強さによって物を動かす働きが変わることを理解している。

Ⅳ 指導計画（全12時間）

過程	学習活動	時間
ふれる	○車を風やゴムの力で動かして遊んだり，車をつくったりする。	2
	○ゴムで車を走らせて決められた位置で止める「ぴったりゲーム」を行い，気付きや疑問を話し合って単元の見通しをもつ。	1
さぐる	○ゴムをのばす長さと車が走る距離の関係について，予想して実験を行い，分かったことをまとめる。（本時2/2）	2
	○ゴムのねじり方と車が走る距離の関係について，予想して実験を行い，分かったことをまとめる。	2
	○風の強さと車が走る距離の関係について，予想して実験を行い，分かったことをまとめる。	2
実感する	○車を風やゴムで動かす「ぴったりゲーム」を行い，風やゴムの働きをまとめる。	1
	○風やゴムの働きを利用した物探しや，おもちゃづくりをする。	2

まず，子どもたちが，本単元を学習するまでに行ってきた学習の中で，本単元との関連が深い学習内容を端的に記述する。その後，「この学習の中で，明らかになった子どもたちの実態及び本単元を進めるにあたっての指導方針は，次のとおりである。」という文を記述する。

次に，「自然事象への関心・意欲・態度」「科学的な思考・表現」「観察・実験の技能」「自然事象についての知識・理解」の4つの観点ごとに記述する。ここでは観点ごとに，子どもが身に付けてきている資質・能力の実態と，その実態に応じて本単元で培われる資質・能力を身に付けるために設定する授業者の間接的な手立てを記述する。

形式例「～できるようになってきている。このような子どもたちが～できるよう，～を設定する。」
　　　　　（児童の実態）　　　　　　　　　　　　　　　（培われる資質・能力）（授業者の手立て）

┌─観点毎の形式例─
│・自然事象への関心・意欲・態度
│「～主体的に調べられるようになってきている。このような子どもたちが，～主体的に調べられるように，～を設定する。」
│・科学的な思考・表現
│「～について比較しながら～を考察できるようになってきている。このような子どもたちが，～について比較しながら～を考察できるように，～を設定する。」（学年の問題解決能力で示す）
│・観察・実験の技能
│「～について調べる技能（記録する技能）を高めてきている。このような子どもたちが，～について調べる技能（記録する技能）を高めることができるように，を設定する。（用意する。）」
│・自然事象についての知識・理解
│「～について理解してきている。このような子どもたちが，～について理解できるように，～を設定する。」

Ⅲ　目標及び評価規準

　目標，評価規準，学習計画は，年間指導計画等を基に記述する。
　国立教育政策研究所「評価規準の作成，評価方法等の校風改善のための参考資料（理科）」を参考にするとよい。

1　目　標

　形式例「　～　を～しながら追究する活動を通して，～についての見方や考え方をもつ。」
「対象となる自然事象」「各学年の問題解決の能力」「本単元で身に付けさせたい見方や考え方」

2　評価規準

　「自然事象への関心・意欲・態度」「科学的な思考・表現」「観察・実験の技能」「自然事象についての知識・理解」の4つの観点ごとに記述する。

Ⅳ　指導計画

　年間指導計画等を基に本単元での学習活動を記述する。指導計画には，「過程」「学習活動」「時間」を示し，本時の位置付けを明示する。単元の特質と児童の実態を踏まえて構想することが大切である。

第5章 各教科等の特色と指導案の書き方

V 本時の学習

1 ねらい　ゴムをのばす長さと車の走る距離の関係を調べる実験を行い，結果を基にのばしたときのゴムの働きについて話し合うことを通して，ゴムをのばした長さが長いと元に戻ろうとする力が強くなり，車が遠くまで走ることを捉える。

2 準備　ゴム　ゴムの力で動く車　走った距離のわかるコース　スタート台　学習プリント

3 展開

学習活動と子どもの意識	指導上の留意点
1　本時のめあてをつかむ。 ・ゴムを長くのばせば，車が遠くまで走ると予想したよ。 2　実験を行い，結果を記録する。 ・まず，4cm，6cm，8cmで1回ずつ走らせてみよう。きっと8cmが一番遠くまで走ると思うな。 ・8cmが5mで一番遠くまで走ったよ。2回目，3回目も同じかな。 ・やっぱり何度やっても8cmが遠くまで走ったね。 3　実験結果について考えたことや分かったことを話し合う。 ・8cmが一番遠くまで走るから，予想したとおり，ゴムを長くのばした方が車が遠くまで走ると言えそうだな。 ・それぞれのグループの結果を比べると，どのグループも4cm，6cm，8cmの順に走る距離が長くなっているね。 ・グループで，車が走る距離は少しずつ違うけれど，ゴムを長くのばすと車が遠くまで走ったのは同じだな。 ・ゴムをのばすと，ゴムが元に戻ろうとする力を感じるよ。 ・ゴムを長くのばすと，その分だけ元に戻ろうとする力が強くなるな。だから，のばした長さで走る距離が変わるんだね。 4　本時のまとめをする。 ・車をもっと遠くまで走らせたいな。 ・10cm伸ばしたら遠くまで走ったぞ。	○本時で行う実験の目的を想起できるように，追究している問題と自分のもった予想を振り返るよう促す。 ○正しい実験を行えるように，ゴムで動く車のスタートの仕方や，ゴムをのばす長さと車の走った距離の記録の仕方を確認する。 ○ゴムをのばす長さと走る距離の関係性に気付けるように，ゴムをのばす長さ（4cm，6cm，8cm）を提示し，1台の車で行うよう促す。 ○正しい実験結果を得られるように，実験の時間を十分確保したり，実験の回数ごとに結果を記録できる学習プリントを用意したりする。 ○複数の結果を比較してゴムをのばす長さと車の走る距離の関係を考察できるように，各グループの結果を整理して提示する。その際，縦軸にはグループ名，横軸は走った距離を示した表に，ゴムをのばす長さごとに色分けをした印を付ける。 ○車が遠くまで走るゴムののばし方に気付けるように，グループごとの結果の共通点を問いかける。 ○ゴムを長くのばすと戻る力が強くなることに気付けるように，のばした長さで車の走った距離が異なる理由を問いかけ，ゴムを使いながら説明するよう促す。 ──── 評価項目 ──── 　複数の結果の共通点を基に，車が長く走るゴムののばし方を説明したり記述したりしている。　　　　　　＜発言・学習プリント（2）＞ ○長くのばしたゴムは戻る力が強まり，車が遠くまで走ることを実感できるように，ゴムを8cmより長くのばして，自分の車を走らせるよう促す。

V 本時の学習
1 ねらい
　単元の目標を踏まえた上で，本時の中心的な学習活動と身に付けさせたいことを端的に記述する。ここでは学習者である子どもが主語で書かれる。
　形式例「　～　（中心的な学習活動）を通して，　～　（身に付けさせたいこと）。」

2 準備
　本時の学習に必要な器具などを記述する。教師と児童が準備する物が明確に分かれている場合は，分けて記述するとよい。

3 展開
　授業の流れに沿って，左側に「学習活動と子どもの意識」を記述する。学習活動は数字で，また，子どもの意識は「・」で記述する。右側には「指導上の留意点」を「○」で記述する。

○学習活動について
　本時の学習活動を端的に記述する。一般的には，「めあての把握」「中心的な学習活動（1つか2つ）」「本時のまとめ」について3つか4つの学習活動となる。あまり多くの学習活動を行うと子どもの思考や理解は深まらなくなってしまうので注意する。活動は子どもがすることなので，子どもが主語となるよう書く。
　中心的な学習活動例：「～についての予想を話し合う」「～についての実験計画を話し合う」

○子どもの意識について
　学習活動の流れに沿って，子どもが考えることや発言する内容を想定して記述する。この時，一人の子どもがねらいを達成するための段階的な子どもの意識を想定することが大切である。「本時のまとめ」での子どもの意識は，本時のねらいが達成された子どもの意識になるはずである。

○指導上の留意点
　子どもが本時のねらいを達成する上での教師の留意点を，目的と手立てを合わせて端的に記述する。目的と手立ての内容が明確になるように，具体的に記述する。また，留意点に詳細な説明が必要な場合は，文を付け加えてもよい。ここでは，留意点を行う教師が主語となるよう書く。
　形式例「　～　（目的）できるように，　～　（手立て）。その際，（詳細な説明）」
　本時指導上の留意点の例
　「複数の結果を比較してゴムをのばす長さと車の走る距離の関係を考察できるように（目的），各グループの結果を整理して提示する（手立て）。その際，縦軸にはグループ名，横軸は走った距離を示した表に，ゴムをのばす長さごとに色分けをした印を付ける。（詳細な説明）」
　「ゴムを長くのばすと戻る力が強くなることに気付けるように（目的），のばした長さで車の走った距離が異なる理由を問いかけたり，ゴムを使いながら説明するよう促す（手立て）。」

評価項目
　子どもたちが本時のねらいを達成するために，学習活動の中で表れる子どもの姿を端的に記述する。評価項目の内容は，子どもたち全員を評価することができるものであり，具体的に教師がみとることができるものであることが必要である。ここでは，具体的な行動について子どもが主語となるよう書く。また，「＜＞」で評価の方法，「()」で評価の観点を示す。その際，観点は，評価規準の4つの観点から本時にふさわしいものを選択する。
　形式例「　～　（具体的な行動の内容）を　～　している（行動の状況）。＜評価の方法（観点）＞」

第5章　各教科等の特色と指導案の書き方

5　生活科

(1) 生活科の目標

> 具体的な活動や体験を通して，自分と身近な人々，社会及び自然とのかかわりに関心をもち，自分自身や自分の生活について考えさせるとともに，その過程において生活上必要な習慣や技能を身に付けさせ，自立への基礎を養う。

この目標は，「具体的な活動や体験を通して」「自分と身近な人々，社会及び自然とのかかわりに関心をもち」「自分自身や自分の生活について考えさせるとともに」「生活上必要な習慣や技能を身に付けさせ」「自立への基礎を養う」の5つの要素から構成されている。

これらは，子どもたちの生活圏となる学校，家庭，地域を学習の対象や場としていること。子どもたちが身近な人々，社会及び自然と直接関わる活動や体験を重視していること。それらの活動や体験の中で気付きの質を高め，必要な習慣や技能を身に付けるとともに，自分自身についてのイメージを深め，自分のよさや可能性に気付けるようにすること。そして，自らを自立の方向へと変容できるようにすること，等の点を背景として設定されている。

(2) 生活科の内容

内容構成の考え方について，学習指導要領解説には，3つの基本的な視点と11の具体的な視点が示されている。そして，これらの視点を基に，9つの内容が構成されている。さらに，複数の内容を組み合わせて単元を構成することができる。各学校は，地域の特色を生かし社会的要請の変化等に応じて，これらの内容を重点化したり組み合わせたりして，漏れや落ちがないように各単元を構成していく必要がある。

―― 基本的な視点 ――
○自分と人や社会とのかかわり　○自分と自然とのかかわり　○自分自身

―― 具体的な視点 ――
ア　健康で安全な生活	イ　身近な人々との接し方	ウ　地域への愛着
エ　公共の意識とマナー	オ　生産と消費	カ　情報と交流
キ　身近な自然との触れ合い	ク　時間と季節	ケ　遊びの工夫
コ　成長への喜び	サ　基本的な生活習慣や生活技能	

―― 内　　容 ――
(1) 学校と生活	(2) 家庭と生活	(3) 地域と生活
(4) 公共物や公共施設の利用	(5) 季節の変化と生活	(6) 自然や物を使った遊び
(7) 動植物の飼育・栽培	(8) 生活や出来事の交流	(9) 自分の成長

(3) 生活科指導の過程

①生活科の単元の学習過程

生活科の単元の学習を進めていく過程は次のようなものである。

であう	対象と関わろうとする思いや願いをもち，学習のめあてをつかむ。
かかわる	具体的な活動や体験の中で，繰り返し対象に働きかけたり，それらを振り返ったりする。
まとめる・いかす	これまでの活動を見つめ直し，対象との関わりを通して得た自分の成長やよさ等の気付きを，これからの生活に生かそうとする思いや願いをもつ。

②生活科の授業の基本的な流れ

生活科の本時の授業を進めていく過程は次のようなものである。

つかむ	本時のめあてをつかみ，対象への自らの関わり方を考える。
はたらきかける	具体的な活動や体験を通して，対象に働きかけたり気付きを表現したりする。
ふりかえる	本時の活動を見つめ直し，対象や自分自身についての新たな気付きを共有し，次時の活動への思いや願いを膨らませる。

(4) 生活科指導の特色

①対象に直接働きかける学習活動

生活科は，子どもの探求心を育み，豊かな体験の世界を広げていく教科であり，見る，触れる，つくる，探す，育てる，遊ぶ等とおして直接対象に働きかける活動を重視している。このような活動では，子どもが体全体を使い，五感や感情を働かせて行われるように支援することが大切である。また，対象に直接働きかける中で，子どもが対象に一方的に働きかけるだけでなく，対象の働き返しによって子どもが新たな発見を得るきっかけとなるような双方向性のある活動が望まれる。

②考えたことや感じたことを表す学習活動

生活科では，対象に直接働きかける学習活動の中で考えたことや感じたこと等を，言葉，絵，動作，劇化等によって表現する活動が重視されている。なぜなら，この表現活動により，気付きが自覚されるとともに，次の活動への思いや願いをもったり意欲が高まったりするからである。表現方法を選ぶ際には，「何を」「誰に」「どのように」等の観点から表現方法を選択する必要がある。表現方法の一例としては，次のようなものが考えられる。

絵画　ポスター　パンフレット　絵地図　紙芝居　巻物　絵本　ペープサート　動作　劇化　歌　踊り　手紙　電話　ＦＡＸ　観察日記　ワークシート　新聞　作文　粘土　制作物

③身近な人々と交流する学習活動

生活科では，子どもたちが身近な人々と交流する学習活動が重視される。子どもは自分の思いや願いを実現するために，友達や家族，学校の先生，地域の人等の身近な人々と交流し，分からないことを質問したり，分かったことを伝えたりしながら学んでいく。特に，地域の人に体験したことや調べたことを伝える活動では，交流することでそれらの人たちから称賛されることによって意欲の向上が図られる。また，相手意識や目的意識等が子どもたちの学習を促進することにつながる。

④「気付き」の質の高まりの重視

生活科における「気付き」とは，対象に対する一人一人の認識のことであり，知的な側面だけでなく，情意的な側面も含まれるものである。生活科では，子どもが主体的な活動や体験を行う中で対象についての多様な気付きを獲得できるよう指導することが重視される。そして，活動や体験を繰り返したり，友達等といった他者と交流したりして，対象との関わりを深め，子どもが気付きの質を高めていくように指導していくことも求められている。なぜなら，気付きの質を高めていくことは，今までの自分よりも向上し，成長した自分自身への気付きを獲得することにつながるからである。この自分自身への肯定的な気付きは，自分のよさや可能性についての気付きを深め，生活することへの意欲や自信を高めることへとつながっていく。子どもの気付きの質を高めていくためには，子ども一人一人の気付きの状況を適切に捉え，適切な手立てを講じることが必要である。

第5章　各教科等の特色と指導案の書き方

(5) 学習指導案例

生活科学習指導案

平成〇〇年〇月〇〇日（〇）　第〇校時　（〇の〇教室）〇年〇組　指導者　〇〇　〇〇

Ⅰ　単　　元　　だいじにそだてよう　―ウサギとなかよし―

Ⅱ　考　　察

1　教材観

(1)　学習内容：学習指導要領上の位置付け

> 内容（7）「動植物の飼育・栽培」

(2)　培われる主な資質・能力

- 身近な動植物と関わることに関心をもち，親しみをもって繰り返し関わろうとする態度
- 動植物の特徴や様子に合った関わり方を考え工夫したり，関わりを振り返ったりして，それらをすなおに表す力
- 動植物は生命をもっており，その特徴や様子に合った関わり方があることや，動植物と関わることで楽しい気持ちや安らかな気持ちになること，動植物と上手く関わることができるようになった自分に気付く力

(3)　単元と学習対象の価値

　大単元「だいじにそだてよう」は，継続的に動植物を飼育・栽培し，動植物に親しみをもって関わる学習であり，「もみをまこう」や「ウサギとなかよし」，「田うえをしよう」，「いねかりをしよう」，「もちつきをしよう」の小単元からなる。

　本小単元「ウサギとなかよし」は，ウサギと関わることに関心をもち，ウサギの様子を基に気持ちを想像して，ウサギの世話や喜ぶすみかづくりをする学習である。

　本小単元では，対象として「ウサギ」を取り上げた。その価値は，以下のとおりである。

> 　ウサギは，吠えたり引っ掻いたりせず人に懐くため，子どもたちが安心して関わることができる。また，子どもでも抱きやすく温もりや拍動等を実感できるため，生命をもっていることへの気付きを得て，大切にしようとする思いをもつことができる。また，室内での飼育が容易で，繰り返し関わりやすい。さらに，子どもたちの関わり方に応じてウサギの様子が変化するため，その特徴や様子に合った関わり方を考え工夫することに適している。そして，ウサギへの親しみと世話ができた自信を実感することで，身近な動植物と，親しみをもって関わろうとする態度を養うことができる。

(4)　今後の学習

　ここでの学習は，2年「田うえをしよう」において，育ててきた苗を取り，田植えの仕方を考えて田植えをし，稲を育てて，その生長を観察する学習へと発展していく。

2　児童の実態及び指導方針

　子どもたちはこれまでに，次のような学習に取り組んできた。

　2年「もみをまこう」において，もみ蒔きの計画を立て，もみを蒔いたり，水やり等をしたりし

(6) 生活科学習指導案作成上の留意点

Ⅰ　単　　元 → 大単元名とともに本時の学習が含まれる小単元名を記述する。

Ⅱ　考　　察

　本小単元の学習を行うにあたって、単元全体を教材観や児童の実態及び教師の指導方針、今後の学習への系統といった多様な面から考察し、それぞれ記述していく。

1　教材観
(1)　学習内容：学習指導要領上の位置付け

　本小単元が学習指導要領上のどの内容に基づいて設定されたものかを明らかにする。左ページの学習指導案例では、内容（7）「動植物の飼育・栽培」の1つのみが設定されている。しかし、小単元によっては複数の内容を組み合わせて構成されているものもあるため、「年間指導計画」に示されている「目標」を参照して記述する。

(2)　培われる主な資質・能力

　上記の学習内容において子どもたちに培われる主な資質・能力を、「関心・意欲・態度」「思考・表現」「気付き」の3つの観点から記述する。

(3)　単元と学習対象の価値

　まず、大単元における本小単元の位置付けと、本小単元において行う主たる活動を端的に記述する。次に、本小単元で子どもたちが関わりを深めていく学習対象とその価値を明らかにして記述する。学習対象の価値とは、上記の資質・能力を培う上で、その学習対象が他の対象よりも適する理由となる性質のことである。ゆえに、授業者は、学習対象の価値を十分に研究し、培われる主な資質・能力に対応するように、「関心・意欲・態度」「思考・表現」「気付き」の3つの観点から記述するとよい。また、学習対象と関わる際の「安全」への配慮も大切である。

> **記述例**
> 　左頁の学習対象の価値についての記述を、観点別に分解すると以下のようになる。
> ①　ウサギは、吠えたり引っ掻いたりせず人に懐くため、子どもたちが安心して関わることができる（「安全」）。
> ②　子どもでも抱きやすく温もりや拍動等を実感できるため、生命をもっていることへの気付きを得て、大切にしようとする思いをもつことができる（「気付き」）。
> ③　室内での飼育が容易で、繰り返し関わりやすい。さらに、子どもたちの関わり方に応じてウサギの様子が変化するため、その特徴や様子に合った関わり方を考え工夫することに適している（「思考・表現」）。
> ④　ウサギへの親しみと世話ができた自信を実感することで、身近な動植物と、親しみをもって関わろうとする態度を養うことができる（「関心・意欲・態度」）。

(4)　今後の学習

　本小単元の学習をする子どもたちが、次の小単元でどのような学習活動を行うのかを明記する。指導内容に応じて、次学年の関連する教科や単元を取り上げることも考えられる。

2　児童の実態及び指導方針

　この単元を学習する子どもたちが、どのような実態にあるかを明らかにするとともに、実態に応じて教師が行う間接的な手立てを記述する。

第5章 各教科等の特色と指導案の書き方

て，田植えに使う苗を育て，観察する学習。

　この学習の中で明らかになった子どもたちの実態及び本小単元を進めるにあたっての指導方針は，次のとおりである。

- 飼育小屋のウサギを見に行ったことがある子どもは多く，ウサギへの関心は高い。しかし，実際にウサギに触れた経験がある子は少ない。このような子どもたちが，ウサギと関わることに関心をもち，親しみをもって進んで関わることができるように，教室内に飼育箱を用意して，触れ合う時間を十分に確保する。
- もみの特徴や様子に合わせて，世話の仕方を考え工夫できるようになってきている。このような子どもたちが，ウサギの特徴や様子に合った関わり方を考え工夫できるように，グループでのウサギの世話やウサギが喜ぶすみかづくりを行う活動を設定する。
- もみが生長していく過程からもみの特徴や様子，世話の大切さに気付くことができるようになってきている。このような子どもたちが，ウサギの特徴や様子に合った関わり方があることや，ウサギと関わることで楽しい気持ちや安らかな気持ちになること，ウサギとうまく関わることができた自分へと気付きの質を高められるように，ウサギの世話からウサギが喜ぶすみかづくりを行う活動へと，ウサギと段階的に関わる体験活動と振り返る活動を繰り返し設定する。

Ⅲ　目標及び評価規準

1　目　標

　ウサギに喜んでもらう方法を考え工夫しながら繰り返し関わることを通して，ウサギの特徴や様子，よさに気付き，身近な動物への親しみをもつことができる。

2　評価規準

(1) ウサギやウサギと関わることに関心をもち，ウサギに親しみをもって関わろうとしている。

(2) ウサギの様子を基に気持ちを想像して，ウサギに喜んでもらう方法を考え工夫したり，関わりを振り返ったりして，それらをすなおに表している。

(3) ウサギは生命をもっていることやその特徴や様子に合った関わり方があること，ウサギと関わることは楽しい気持ちや安らかな気持ちになること，ウサギと上手く関わることができた自分に気付いている。

Ⅳ　指導計画（全9時間）

過程	学　習　活　動	時間
であう	○これまでの動物と関わった経験を発表し，学校のウサギを見たり触れたりして，今までの自らのイメージとの共通点や相違点を伝え合う。	1
	○ウサギに触れたり，えさやりをしたりして学習のめあてをつかむ。	1
かかわる	○ウサギの喜ぶ様子を飼育委員に聞き，えさやりをしたり，だっこしたりする。	1＋常時
	○ウサギの特徴や世話の仕方，注意事項等を獣医師に教わって，教室に迎えたグループのウサギをだっこしたり，心音を聞いたりする。	1＋常時
	○当番を決め，飼育委員に教わりながら，グループのウサギの世話をする。	常時
	○ウサギに喜んでもらう方法を話し合い，すみかづくりの計画を立てる。	1
	○ウサギが喜ぶすみかづくりをし，ウサギの様子を観察して，つくり直す。 （本時2/2）	2
	○ウサギの様子を観察して，ウサギが喜ぶすみかをさらにつくり直す。	1

「子どもたちはこれまでに,」～

　子どもたちが,本小単元で「ウサギとなかよし」を学習するまでに,どのような学習を行ってきたかを記述する。本指導案例で記述する際には,内容(7)「動植物の飼育・栽培」における大単元「だいじにそだてよう」の中から,前小単元2年「もみをまこう」について記述する。

「この学習の中で明らかとなった」～

　前小単元での学習経験や日常の生活経験から子どもが身に付けている資質・能力と,それを本小単元においてさらに培うための教師の間接的な手立てを記述する。生活科の場合は3つの観点「関心・意欲・態度」「思考・表現」「気付き」から記述する。

　教師の間接的な手立てを記述する際には,3つの観点それぞれの資質・能力を効果的に培うことのできる場面を選択し,記述するとよい。例えば,①出会いの活動や共通課題を設定する活動,②子どもたちが対象と関わりながら取り組みのよさに気付いたり,工夫したりする活動,③単元の学習を振り返る活動,といった小単元の中の主な場面ごとに,時間や空間,形態等の環境構成や,具体的な活動等の設定等について記述するとよい。

記述例

「～ができるようになってきている。このような子どもたちが～できるよう,～を設定する。」
　　（児童の実態）　　　　　　　　　　　　　（培われる資質・能力）（教師の手立て）

・もみが生長していく過程からもみの特徴や様子,世話の大切さに気付くことができるようになってきている。このような子どもたちが,ウサギの特徴や様子に合った関わり方があることや,ウサギと関わることで楽しい気持ちや安らかな気持ちになること,ウサギと上手く関わることができた自分へと気付きの質を高められるように,ウサギの世話からウサギが喜ぶすみか作りを行う活動へと,ウサギと段階的に関わる体験活動と振り返る活動を繰り返し設定する。

Ⅲ　目標及び評価規準

1　目　標

2　評価規準

　目標,評価規準は,年間指導計画及び指導資料を基に記述する。通常,培われる資質・能力は,「(1) 関心・意欲・態度」「(2) 思考・表現」「(3) 気付き」の3つの観点から考えられる。単元の目標はこの3つを包括したものと捉えられる。

Ⅳ　指導計画

　本単元の指導計画を記述する。ここも,年間指導計画及び指導資料を基に記述することになるが,指導者は単元全体の学習をどのように進めるかをしっかりと考えておく必要があることから,この指導計画を十分に理解しておかなければならない。なお,「本時の授業」が行われる位置を忘れずに記述する。

第5章 各教科等の特色と指導案の書き方

まとめる・いかす	○ウサギと関わってきてよかったことを全体で話し合い，「振り返りカード」に書き，動物と関わることのよさを伝え合う。	1

V 本時の学習
1 ねらい　グループのウサギの様子を観察し，ウサギが喜ぶすみかをつくり直すことを通して，ウサギの様子を基に気持ちを想像して，ウサギが喜ぶすみかを工夫することができる。
2 準　備　ウサギ（6羽）　ウサギが喜ぶすみか　ウサギの喜ぶ様子を示した表　道具・材料
3 展　開

学習活動と子どもの意識	指導上の留意点
1　本時のめあてをつかむ。 ・ウサギは狭いところが好きだから，トンネルを作ってみたよ。僕らのつくったすみかに早くウサギを入れてみたいな。 ・ぼくらのウサギがトンネルに「ずっといたり何回も出たり入ったりする」様子が見られるといいな。 2　グループのウサギの様子を観察しながら，その様子に合わせてウサギが喜ぶすみかをつくり直す。 ・ぼくらのウサギがトンネルの前であまり動かないな。狭いところが好きなのに，このトンネルは広くてスースーするからかな。 ・トンネルをもっと狭くすれば，ぼくらのウサギは喜んで入ってくれるかな。 ・段ボールを継ぎ足してトンネルを長くするのもいいんじゃないかな。 ・長くて狭いトンネルができたね。ぼくらのウサギが気に入ってくれるといいね。 ・ぼくらのウサギが今，トンネルに入ったよ。 ・何度もトンネルに入ったり出たりしているね。喜んでくれているみたいだな。 ・ぼくらのウサギがつくり直したすみかで喜んでくれて嬉しいな。 3　本時の学習を振り返る。 ・このトンネルをさらに長くしてぼくらのウサギにもっと喜んでもらいたいな。	○本時の追究の見通しをもてるように，グループのウサギが喜ぶすみかのよさやその理由を問いかける。 ○グループが目指しているウサギの喜ぶ様子を確認できるように，ウサギの喜ぶ様子を示した表を提示する。 ○ウサギの様子を基に気持ちを想像できるように，すみかに入れたウサギを観察する際に，ウサギの気持ちを問いかける。 ○グループのウサギの気持ちを想像した発言をしたり，ウサギが喜ぶすみかをつくり直したりしている子どもを称賛する。 ○ウサギが喜ぶすみかを安全につくり直すことができるように，作業に必要な道具と材料のコーナーを設ける。 ○ウサギの様子を基に気持ちを想像して，すみかを工夫することのよさへの気付きを自覚できるように，すみかをつくり直している子どもに，その理由を問いかける。 ―― 評価項目 ―― グループのウサギの様子を基に気持ちを想像した発言をしたり，ウサギが喜ぶすみかをつくり直したりしている。 　　　　　　　　　＜発言・行動（2）＞ ○次時への見通しをもてるように，つくり直したウサギが喜ぶすみかのよさやさらに工夫したい点を発表するように促す。

V 本時の学習
1 ねらい
　単元の目標をふまえた上で，本時に行う【中心的な学習活動】と【おさえたいこと（学習後の子どもの姿）】を端的に記述する。ねらいを書く際の観点としては次のものが考えられる。
○児童が活動することそのものをねらう。
○児童が活動することとその中での思考力や表現力の向上をねらう。
○児童が活動することとその活動での意欲化をねらう。

---記述例---
グループのウサギの様子を観察し，ウサギの喜ぶすみかをつくり直すこと【中心的な学習活動】を通して，ウサギの様子を基に気持ちを想像して，ウサギの喜ぶすみかを工夫することができる【おさえたいこと】。

2 準備
　本時の学習で使用する資料や教具等の教材を記述する（筆記用具等は記述する必要はない）。教師と児童が準備する物が明確に分かれる場合には，分けて記述すると分かりやすい。

3 展開
　本時のねらいを達成するために，どのような学習活動を進めていくかを順序を追って記述する。学習活動と子どもの意識，指導上の留意点から構成する。
(1) 学習活動について
　本時の展開を大きく3～4つに分け，それぞれの学習活動を端的に記述する。学習活動は，「めあてをつかむ」「追究するための活動」「まとめ」が一般的である。あまり多くの学習活動を行うことは，子どもの思考や追究意欲を停滞させてしまうので注意する。活動は子どもがすることなので文章の主語は「子ども」になる。
(2) 子どもの意識について
　学習活動の流れに沿って記述する。その際，指導上の留意点に書かれている教師の手立てを行うことで，子どもたちがどのように考えるのか，どんな発言や反応が出るかを予想して記述する。また，「まとめ」の段階では，めあてが達成された子どもの姿が記述される。
(3) 指導上の留意点について
　教師は，どのような目的のために，どのような手立てを行うのかを明確になるように記述する。その際，直接的な手立ての主語は「教師」になる。

【子どもの意識】　　　　　　　　　【指導上の留意点】（～～～…目的，＿＿…手立て）

【子どもの意識】	【指導上の留意点】
・ウサギは狭いところが好きだから，トンネルを作ってみたよ。僕らのつくったすみかに早くウサギを入れてみたいな。	○本時の追究の見通しをもてるように，グループのウサギが喜ぶすみかのよさやその理由を問いかける。
・僕らのウサギがトンネルで「ずっといたり何回も出たり入ったりする」様子が見られるといいな。	○グループが目指しているウサギの喜ぶ様子を確認できるように，ウサギの喜ぶ様子を示した表を掲示する。

6 音楽科

(1) 音楽科の目標

> 表現及び鑑賞の活動を通して，音楽を愛好する心情と音楽に対する感性を育てるとともに，音楽活動の基礎的な能力を培い，豊かな情操を養う。

　この目標は，小学校教育において音楽科が担う役割や，目指すところを総括して示している。「表現及び鑑賞の活動を通して」とは，表現と鑑賞の多様な音楽活動を通して，音楽の学習を展開することの重要性が強調されたものである。また，「音楽を愛好する心情と音楽に対する感性を育てるとともに，音楽活動の基礎的な能力を培い」とは，生涯を通して音楽を愛好し，生活の中に音楽を生かしたり音楽文化に親しんだりする態度を育てることや，美しいものや崇高なものに感動する心等の豊かな心を育てることと，音楽活動の基礎的な能力を培うことがつねに一体として育まれる必要があることを示しており，音楽教育における感性育成の意味と目的が込められている。そして，「豊かな情操を養う」とは，音楽によって美的情操を養うだけでなく，学校教育の目標に示された豊かな人間性の育成まで目指したものであるという重要な意味を示している。

　また，音楽科では，この教科目標に迫るために，発達特性に即応した一層具体的な指導の目標として，次の観点に基づいて「各学年の目標」が示されている。
　○音楽活動に対する興味・関心・意欲を高め，音楽を生活に生かそうとする態度，習慣を育てること。
　○基礎的な表現の能力を育てること。
　○基礎的な鑑賞の能力を育てること。

　「各学年の目標」は，2学年ごとにまとめて示されており，表現や鑑賞の活動を反復して進められることや，音楽がもつ特性である，螺旋状に広がりのある音楽性の高まりにつなげることができるようにしたものである。

(2) 音楽科の内容

　小学校学習指導要領では，音楽科の内容は，「A表現」「B鑑賞」及び〔共通事項〕で構成されている。「A表現」の指導項目については，歌唱，器楽，音楽づくりごとに整理して示され，また，「A表現」「B鑑賞」ともに取り扱う教材についても示されている。〔共通事項〕は，表現・鑑賞の全ての音楽活動において共通に指導する内容が示されたものである。

　音楽科の内容についても，目標と同様に2学年ごとにまとめて示されており，低学年〜中学年〜高学年へ向けて，様々な音楽活動を反復しながら，しだいに深化した内容について学習していくよう系統的に構成されている。

(3) 音楽科指導の過程

①音楽科の題材の学習過程

　音楽科の題材構成には，主題による題材構成と教材による題材構成の2種類がある。「主題による」とは，学習主題を設定し，それを複数の教材（曲）によって学習するもので，「教材による」とは，教材（曲）自体を学習することに重きをおいたものである。音楽科の学習において，子どもたちに培われる資質・能力を育てていく上で，様々な教材を比較・関連させて表現・鑑賞することは，より高まりのある音楽表現や深く味わう鑑賞につながる。そのため，主題による題材構成を年間指導計画に位置付けることは価値があるといえる。主題による題材構成の基本的な学習過程は，以下のとおりである。

	主題把握 ------→	主題追求 ------→	主題達成
概要	表現や鑑賞の活動を通して，本題材の学習では，どのようなことができるようになればよいか分かり（主題をつかむ），学習への意欲をもつ。	具体的な表現や鑑賞の活動を通して，主題を部分的・分析的・統合的に子ども自らが追求し続けていく。	追求してきた内容をまとめて，表現したり鑑賞したりしてお互いの表現のよさを認め合い，主題達成を確かめる。

この学習過程は，曲を教えるというだけでなく，子どもたちの音楽的な資質・能力を伸ばすために曲で教えるという立場に立ち，系統的な学習指導の展開となる。

②音楽科の授業の基本的な流れ

主題による題材構成における，1単位時間の授業の基本的な流れは，以下のとおりである。

	主題把握 ------→	主題追求 ------→	主題達成
概要	この授業で，どんな音楽表現をするのか，どんなことに気を付けて聴くのかという「本時のめあて」をつかむ。	自力解決や集団解決を通して，よりよい音楽表現への思いや意図をもったり，音楽表現を高めたりする。	本時の学習を振り返り，できるようになった音楽表現や，分かったことを実感し，次時への意欲につなげる。

(4) 音楽科指導の特色

①表現と鑑賞が表裏一体となるようにする

子どもたちの行う音楽活動では，表現と鑑賞が表裏一体となるようにするとともに，音楽的価値が十分にある教材を用いて，歌唱，器楽，音楽づくり，鑑賞の学習を偏りなく行えるようにする。そして，子どもが受容する学習内容の幅を広げられるようにすることが大切である。

②自力解決的な場と，集団解決的な場を設定する

自力解決とは，音楽的な感受を基にして個々の思いや意図をもつことであり，集団解決とは，自力解決でもった個々の思いや意図を共有することである。自力解決と集団解決をする場を設定することにより，より主体的に音楽に関わることができ，また，友達の感じ方のよさに気付いたり，自分の感じ方の幅を広げたりすることができる。

③個人差に応じた学習を大切にする

子どもの興味，能力，性格，活動の様子等は個人差があり，これらの事実を認めた上で，一人一人を伸ばしていく指導の配慮がなされなければならない。そのためには，個々の児童の実態を把握し，教師がつねに子どもたちの姿を基に，指導法の改善や計画の改善を行うことにより，指導は適切なものとなっていく。

④音響設備についてつねに配慮する

音楽は形が残らないものであるから，授業の中で子どもたちが自分たちの演奏を客観的に評価したり，授業後に教師が指導方法を振り返ったりするために，必要に応じて録画や録音を用いるとよい。その際，子どもの座る位置から音の聞こえ方や響き方を確認しながら，音響設備を配置する位置，音源の音質には細心の配慮をして設置するとよい。

(5) 学習指導案例

音楽科学習指導案

平成○○年○月○○日（○）　第○校時　（○○教室）○年○組　指導者　○○　○○

Ⅰ　題　材　　合奏の喜び

　　　教　材　「風を切って」

　　　　　　土肥武　作詞　　橋本祥路　作曲　　イ短調　　4分の4拍子

Ⅱ　考　察

1　題材観

(1)　学習内容：学習指導要領上の位置付け

> A表現（2）イ　曲想を生かした表現を工夫し，思いや意図をもって演奏すること。
> 　　　　　　ウ　楽器の特徴を生かして旋律楽器及び打楽器を演奏すること。
> 　　　　　　エ　各声部の楽器の音や全体の響き，伴奏を聴いて，音を合わせて演奏すること。

(2)　培われる主な資質・能力

・曲想を生かした表現を工夫し，思いや意図をもって演奏する学習に主体的に取り組もうとする態度
・音楽を形づくっている要素を聴き取り，それらの働きが生み出すよさやおもしろさ等を感じ取りながら，曲想を生かした表現を工夫し，どのように演奏するかについて思いや意図をもつ力
・曲想を生かした表現で演奏する力

(3)　題材の価値

　本題材は，歌詞の表す様子や曲想にふさわしい音色や音の重なりなどを工夫して合奏をする学習である。その価値は，以下のとおりである。

> 　本題材で扱う「風を切って」は，主旋律，副次的な旋律，和声部，低音部の4つのパートの役割が明確であり，子どもたちがパートごとの演奏を聴いたり楽譜を見たりすることによって，それぞれのパートの役割を感じ取ることができる。そのため，パートの役割に応じた音色を考えて決めることができる。また，主旋律や副次的な旋律の役割が途中で交代することができるので，音色や音の重なりなどに着目して，子どもたちがもった思いや意図を大切にして合奏をつくりあげていくことができる。さらに，歌詞が付いており，その内容から自分たちの楽曲に対するイメージをふくらませて，合奏に生かすことができる。

(4)　今後の学習

　ここでの学習は，6年「旋律の重なり合い」で，自分たちの思いや意図を生かして，声と楽器の音色のバランスを工夫して合唱奏や合奏をする学習へと発展していく。

2　児童の実態及び指導方針

　子どもたちはこれまでに，次のような学習に取り組んできた。

　5年「アンサンブルの楽しみ」（教材：「キリマンジャロ」）で，自分たちがイメージした場面に合った強弱の変化や音色を意識して，少人数でアンサンブルをする学習。

　この学習の中で明らかになった，子どもたちの実態及び本題材を進めるにあたっての指導方針は，

(6) 音楽科学習指導案作成上の留意点

Ⅰ 題　材
題材なので「〜しよう」という文末にはならない。
教材は，曲名，作詞者，作曲者，調性，拍子について記述する。

Ⅱ 考　察
学習指導そのものが，教材（楽曲），子ども，教師の３つの柱から成り立っているものであり，その意味から，この３つの柱について，それぞれの立場から考察しなくてはならない。

1　題材観

(1) 学習内容：学習指導要領上の位置付け
　学習指導要領上のどの指導事項に基づいて設定された題材であるのかを明らかにする。その際，各学校において作成されている「年間指導計画」に基づいて設定するとともに，授業者は学習指導要領解説の該当部分について理解しておくとよい。

(2) 培われる主な資質・能力
　「音楽への関心・意欲・態度」「音楽表現の創意工夫」「音楽表現の技能」「鑑賞の能力」の４つの観点から，本題材で子どもたちに培われる主な資質・能力について記述する。ただし，表現領域の題材や鑑賞領域の題材，両方の領域を含んだ題材によって，記述する観点が異なるので次を参考にすること。

音楽科の観点	表現領域	鑑賞領域	記述例
音楽への関心・意欲・態度	○	○	「（〜しようとする）態度」 「（〜する）意欲」
音楽表現の創意工夫	○		「（〜する）力」
音楽表現の技能	○		「（〜する）力」「（〜する）技能」
鑑賞の能力		○	「（〜する）力」「（〜する）能力」

(3) 題材の価値
　題材で設定する音楽活動や，題材に含まれる教材の価値を明らかにする。まず，学習過程に沿って主な学習の流れを記述する。そして，□の中に，子どもたちに培われる主な資質・能力を身に付けていく上で，題材で扱う教材にどのような価値があるのか，授業者の考えを記述する。その際，題材の目標に即して，この教材には‘〜という特徴があるので’→‘〜という学習ができる’といった書き方にすると教材の価値を明らかにしやすい。

　教材の価値を述べる際に取りあげる特徴としては，以下のようなものがある。
- 音楽の仕組み………二部形式　A〔a, a'〕B〔b, b'〕，反復，問いと答え等
- リ　ズ　ム………一定のリズム，ワルツリズム，スキップリズム，シンコペーションのリズム等
- 音階や調………ハ長調，イ短調，日本の音階等
- 速　　　度………指定速度（♩= 132など）rit.・accel.・a tempo等
- 音　　　色………発声，表現形態，楽器の音色等
- 強　　　弱………*p*, *mp*, *mf*, *f* 等

(4) 今後の学習
「ここでの学習は，〜」
　この学習が，今後どのような学習に発展していくのか，系統を記述する。

次のとおりである。
- 「キリマンジャロ」の曲想から、「過酷な山を登っていく」イメージをもち、それに合った合奏をしてきている。このような子どもたちが、「風を切って」の情景を想像したり、曲想を感じ取ったりし、それを基に主体的に合奏をつくりあげていけるように、楽曲のモデルになっている植村直己の冒険の様子を実際の写真で提示したり、身体表現して感じ取った曲想について話し合う活動を設定したりする。
- 「過酷な山を登っていく」イメージに合った鍵盤楽器のパートの音色を選択してきている。このような子どもたちが、「パートの役割」や「勇ましく進んでいく」というクラスの「風を切って」のイメージに合わせてパートの音色を決めたり、音の重なりに気を付けてバランスを変えたりできるように、複数の楽器の中から使用する楽器を試行しながら選択する活動を設定する。
- 小グループごとに「過酷な山を登っていく」イメージに合った強弱を生かした演奏をしてきている。このような子どもたちが、「勇ましく進んでいく」というクラスの「風を切って」のイメージに合った合奏ができるように、強弱の他に速度にも着目して、聴き合いながら演奏できる場を設定したり、「過酷な中で勇ましく進んでいく」というクラスの「風を切って」のイメージを基に他のクラスや教師、保護者に発表する場を設定したりする。

Ⅲ 目標及び評価規準

1 目　　標

音色や、音の重なりを聴き取り、それらの働きが生み出すよさを感じ取りながら、パートの役割を意識して、歌詞の表す様子や曲想にふさわしい演奏をする。

2 評価規準

(1) 音色や音の重なりなどから生じる曲想と、歌詞の表す様子に関心をもって演奏をしようとしている。

(2) 歌詞の表す様子や旋律から曲想を感じ取り、「風を切って」にふさわしい音色や音の重なりを工夫している。

(3) 音色や音の重なりに気を付けて、「風を切って」の曲想にふさわしい演奏をしている。

Ⅳ 指導計画（8時間）

過程	主題把握	主題追求	主題達成
時間	1	6	1
教材	風を切って		
学習内容	○「風を切って」の歌詞を音読して曲の表す場面を想像するとともに、範奏を聴いて感じ取った曲想を基に学習主題をつかみ、クラスの「風を切って」のイメージを話し合う。	○「風を切って」のパートごとの旋律の特徴や役割について考え、主旋律や副次的な旋律を演奏して曲全体の構成をつかむ。 ○「風を切って」のパートごとの旋律の役割や、クラスの「風を切って」のイメージにふさわしい音色を試行する。 ○クラスの「風を切って」のイメージに合った音の重なりになるような楽器の編成を決める。 ○楽器の分担を決め、パートごとや全体で合わせて演奏する。 ○クラスの「風を切って」のイメージに合った強弱や速度を全体で試行する。（2時間）**(本時は1/2)**	○クラスのイメージを生かした「風を切って」の演奏を発表し、互いに感想を伝え合う（学年合同音楽によるミニコンサート）。

2 児童の実態及び指導方針

「子どもたちはこれまでに，～」

本題材に関わる既習の学習内容を系統的に記述する。

「この学習の中で明らかになった，～」

「音楽への関心・意欲・態度」「音楽表現の創意工夫」「音楽表現の技能」「鑑賞の能力」の観点から見た子どもの実態と，本題材の学習を進めるにあたっての指導上の留意点を記述する。指導上の留意点を記述する際には，子どもの実態を考慮しながら，教材の提示の仕方や学習形態の工夫，個別解決・集団解決的な場の工夫等，子どもが主体的に学習を進めるにあたり，一人一人のよさを生かせるような指導上の留意点を記述することが望ましい。具体的には以下のような点に注意して記述する。

①指導方針については，教師が主語になるような書き方をすること。

②学習する主体は児童であることから，子どもが「～できるように」という記述の仕方をする。「～させる」という言葉は使わない。指導上の留意点で「～する。」となっている場合については，教師が「～する。」ことになる。子どもに何かさせたい場合には「～するよう促す。」や「～できるように～する。」といった記述の仕方になる。

③指導方針については，目的→手立てになるように記述すること。

> 例：クラスの「風を切って」のイメージに合った合奏ができるように，強弱の他に音色や音の
> 　　　　　　　　　　　　　　　　　　　　　　　　　　　（目的）
> 　　重なりなどに着目して，聴き合いながら演奏できる場を設定したり，～
> 　　　　　　　　　　　　　　　　（手立て）

Ⅲ　目標及び評価規準

1　目標

本題材での目標である。これを明確にしておくことが最も大切であり，学習過程を構成していく際のよりどころとなる。

2　評価規準

(1)「音楽への興味・関心・態度」，(2)「音楽表現の創意工夫」，(3)「音楽表現の技能」，(4)「鑑賞の能力」の４つの観点に照らして評価規準を立てる。前述のように，表現領域の題材，鑑賞領域の題材，両方の領域を含み込んだ題材のそれぞれによって，記述する観点が異なる。

Ⅳ　指導計画

目標を達成するために，題材の総時数や時間配分も考えて学習過程を構成する。そして，全学習を通しての流れや，主な学習活動を記述する。

音楽科の題材構成の考え方は，前述のように「主題による題材構成」と「教材による題材構成」の２つの考え方がある。「主題による題材構成」では，「主題把握」の過程において，「学習主題をつかむ」や「題材の学習への見通しをもつ」といった学習活動が多くなる。「主題追求」の過程では，主に「追求を進める」や「表現を高めていく」といった学習活動が多くなる。そして，「主題達成」の過程では，「題材のまとめ」となるような学習活動になる。

第5章 各教科等の特色と指導案の書き方

V 本時の学習

1. ねらい　強弱を試行することを通して、「過酷な中で勇ましく進んでいく」というクラスの「風を切って」のイメージにふさわしい音楽表現をする。
2. 準　備　拡大譜　合奏に必要な楽器　前時の演奏を録音したCD　学習プリント　音楽カード
3. 展　開

学習活動と子どもの意識	指導上の留意点
1　本時のめあてをつかむ。 ・自分の音と、みんなの音を合わせて合奏できるようになってきたよ。 ・楽器の音色から寒そうで過酷な感じは出ていたと思うけど、勇ましい感じはあまり出ていなかったと思うな。	○既習内容を振り返ったり、全体で学習していく意識をもったりできるように、「風を切って」を合奏する。 ○表現の見通しをもてるように、前時の演奏の録音CDを聴く時間を設定し、クラスのイメージ「過酷な中でも勇ましく進んでいく」にふさわしい表現になっているか問いかける。また、どのような工夫をすることが考えられるか音楽カードをヒントに考えるよう促す。 ○本時のめあて「強弱を工夫して、クラスのイメージに合った合奏をしよう」を提示する。
2　様々な強弱を試行して、イメージにふさわしい表現を試行する。 ・今の演奏は、最初から最後までずっと同じ強弱で演奏していると思ったよ。 ・同じ強さだと迫力がなくて勇ましい感じがしないから、後半からはもっと強く演奏して変化が伝わるように演奏した方がよいのではないかな。 ・実際に演奏してみたけど、後半を強くするだけではなくて、一番最後のところをさらに強くして演奏すると、勇ましい感じが増して、よさそうだよ。 ・強弱を工夫した演奏は、前回録音した演奏から変化しているのかな。確かめてみたいな。	○全体の強弱について個々に思いをもてるように、前時の演奏の録音CDを再度強弱に注目して聴くよう促し、現状はどのような強弱になっているのか、気付いたことを学習プリントに書く時間を設定する。 ○クラスのイメージに合った強弱について、全体で試行して演奏していけるように、学習プリントに記入したことを基に、気付いたことを発表したり、どのように工夫するとよいのか話し合ったりする場を設定する。 ○出てきた意見がクラスのイメージに合った強弱に結び付くか確かめながら話し合えるように、実際に演奏しながらイメージと照らし合わせて判断していくよう促す。 ○常にクラスのイメージと照らし合わせて根拠をもって話し合えるように、クラスのイメージを大きく掲示し、根拠を述べて話し合うよう指示する。 ――― 評価項目 ――― クラスのイメージ「過酷な中でも勇ましく進んでいく」にふさわしい強弱について思いや意図をもって演奏している。　　　　＜表現・発言（2）＞
3　本時のまとめをする。 ・前回の演奏と比べると、勇ましい感じが伝わる演奏になっていて嬉しかったよ。次は前に進んでいく感じが出せるといいな。	○本時の成果を感じ取れるように、まとめの演奏を録音し前時に録音した演奏と聴き比べる時間を設定する。 ○様々な意見を出し合いながら、強弱について考えられたことを賞賛する。

V 本時の学習
1 ねらい
　本時の1時間の学習のねらいである。題材全体としての目標を達成するために，本時では何を学習するのかを明らかにしておくもので，1つのねらいにしぼることが重要である。子どもが「～する」という書き方にする。

2 準備
　学習に必要な機器等の準備であり，楽器，ＣＤ，学習プリント等，必要なものを記しておく。

3 展開
　学習の流れが全体として詳しく見られるように，学習活動と子どもの意識，指導上の留意点等の項目によって記す。

　学習活動は，子どもの主な活動である。子どもの意識は，その学習活動の中で現われる子どもの姿を「・」で示す。指導上の留意点は，子どもの学習活動を支える立場で，指導する内容や方法及び教師の意図，注意するところが具体的に述べられる。評価項目については，ねらいに対しての評価はもちろんであるが，学習の中で子どもたちのよさを積極的に評価するようにし，指導と評価の一体化を図るようにすることが大切である。

○学習指導案における本時の学習の流れ

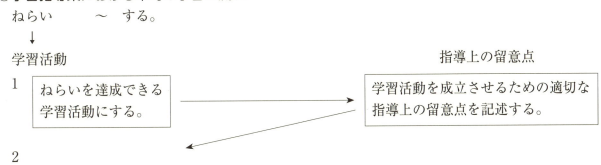

○実際に授業を行う上で留意すること
・子どもたちが学習を行う必要感をもてる授業にする

　例えば，二部合唱曲を扱う時に，主旋律の学習をした後，「1つの旋律だけで歌うのと，2つの旋律を合わせて歌うのではどっちがきれいになりそうかな？」と問いかければ，子どもは，「2つで合わせた方がきれいになりそう。」と答えるだろう。「じゃあ，下の方の旋律も歌えるようにしてみたい？」とさらに問いかければ，「うん。」と答えるだろう。そこで，「それでは，下の方の旋律も先生と一緒に練習してみよう。」と促すのである。この例のように，教師が「歌いなさい。」と指示したから子どもたちが歌うのではなく，子どもたちの必要感に応じて，教師が指導をする形にしていくことが大切である。

・音楽活動の時間が多くなるようにする

　授業内容によっては，子どもたちが十分な話合いをした方がよい場合もある。しかし，音楽科の授業では，原則として，意見の出し合いや話合いに多くの時間をあて過ぎることは避け，実際に音楽活動をする時間を多く確保することが大切である。

7 図画工作科

(1) 図画工作科の目標

> 表現及び鑑賞の活動を通して、感性を働かせながら、つくりだす喜びを味わうようにするとともに、造形的な創造活動の基礎的な能力を培い、豊かな情操を養う。

「表現及び鑑賞の活動を通して、感性を働かせながら、つくりだす喜びを味わうようにするとともに、造形的な創造活動の基礎的な能力を培う」とは、子どもたちが、本来もっている表現欲求などに基づいて、かいたりつくったりし、その過程で一人一人のもつ感性を働かせながら、主体的、創造的に自分なりの価値をつくりだす喜びを味わうようにすることである。そこでは、一人一人の造形感覚や想像力、創造的な技能等の資質や能力を働かせ、高め、造形的な創造活動の基礎的な能力の育成を図ることができる。

図画工作科で目指すのは、造形的な感覚や創造的な技能、鑑賞の能力等を総合的に働かせ、形や色のよさや美しさなどをつくりだすことにより、子どもたちの感情と意思の調和的な発達を図るとともに、芸術を創造し、それらを愛好する豊かな心を育てることである。

(2) 図画工作科の内容

教科の目標及び学年目標を受けた内容は、創造的な想像力等を働かせたり、つくったりする表現活動を行う「A表現」と、作品や表現活動の過程等を自分らしい感じ方や見方によって、そのよさや美しさなどを味わう「B鑑賞」の2領域で構成されている。また、「A表現」の内容は、「材料などを基に造形遊びをする」と「表したいことを絵や立体、工作に表す」の2つで示されている。なお、表現及び鑑賞の各活動において、共通に必要となる資質や能力が〔共通事項〕として示されている。その主な内容は、自分の感覚や活動を基に形や色等の造形的な特徴を捉えること、及び、様々な事物や事象について自分なりのイメージをもつことである。

(3) 図画工作科の学習過程
○表現領域

A表現 (1)
「であう」過程

「ひろげる・あらわす」過程
感じ取ったことを基にしながら、どんなことができそうか、どんなものがつくれるかを思い付き、遊んだり、つくったりすることを通して、関わりを深めていく。

A表現 (2)
「であう」過程
題材との出合いの中で感じ取ったことを基にしながら、表すことを大まかに思い描く。まず、感じ取ったことを生かし、表せそうなことを思い浮かべる、発想を広げる段階。次に、表したいことを決め、大まかな表し方を考えることで、表現の道筋を方向付けていく段階の2つに大別できる。

↓

「ひろげる・あらわす」過程
思い描いたことを、表し方を工夫しながら実際に表していく。どんな材料を扱うか、どのような表現方法で表すか、形や色はどうするかなどを具体化しながら進めていく。

↓

「ふりかえる」過程
自他の表現のよさやおもしろさ、美しさなどを感じ取る。ここでは、これまでの各過程での経験を通して培った見方や考え方を働かせ、自他の表現を鑑賞してよさを感じ取っていく。

○鑑賞領域　B鑑賞（1）

―「であう」過程―
　鑑賞する対象となる美術作品などと出会い，交流などを通して鑑賞する際の観点をつかむ。

⇩

―「ひろげる・あらわす」過程―
　美術作品などを鑑賞する際に，主題や発想の観点や造形要素の観点，技術・表現技法の観点を基にして，多様な観点から造形に触れることで，感じ方や見方を広げる。

⇩

―「ふりかえる」過程―
　広げた感じ方や見方を土台にしながら，美術作品などをより深く味わい楽しみ，美術作品などをより深く味わう活動を通して自分なりの意味付けを行い，さらに感じ方や見方を広げていく。

(4) 図画工作科指導の特色

　図画工作科は，一人一人の子どもの思いや願いを大切にするため，題材の範疇であれば，何を用いてどんなことを表してもよいという許容度の高さが大きな特色といえる。題材の導入では，同じ情報を得て活動を始めることとなるが，題材の終末に向かって，一人一人の表すものが徐々に個性的になっていく。図画工作科の表現では，それら多様な表現の１つ１つが許容され，認められていくべきものである。このような特色は，学習の過程で，自分の思いや願いの具現化に向けて，多くの選択や創造を行うことで表れる。この選択や創造とは，テーマや扱う材料，用具，表現方法等を，自分の思いや願いに合わせて選んだり考え出したりすることである。

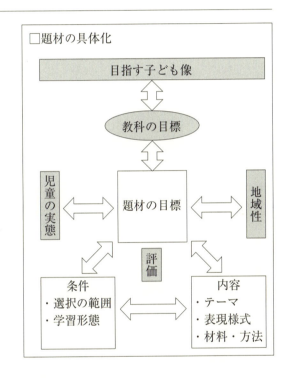

　図画工作科の学習にあたっては，このような特性を踏まえ，創造的な雰囲気をつくりだすことが大切である。そのためには，活動内容と学習環境，教師の働きかけの３点を大切にする必要がある。そこで，子どもたちが主体的に取り組むことのできる活動内容を具体化した題材と，子どもたちの主体的な活動を保障するための学習環境，教師の働きかけを具体化した環境構成を行っていく必要がある。

○**題材の具体化**

　題材は，教科の目標の達成に向けて，地域の実態を生かしながら，目指す子ども像の実現に向けて，児童の実態を踏まえて設定していくものである。したがって，題材の目標及び内容や条件，評価の内容は，各学校の地域性や目指す子ども像，実態によって，具体化することが重要である。

○**環境構成**

　子どもたちは，活動中に，その活動スペース内にある様々なものの制約を受けたり，情報を得たりして活動に取り組む。子どもたちが自由に動き回り，目にしたりふれたりする物や人は，全て新たな発想の手がかりとなり得るものである。子どもたちが造形的な創造活動の手がかりを得たり，意欲を高めたりできるような学習環境をつくるためには，特に材料・用具を保障するための，コーナーづくりや活動スペースの設定，参考資料の提示の有無や配置について十分配慮しなければならない。また，子ども自身の思いや願いに寄り添った教師の言葉がけを行うことができるよう，学習形態についても十分配慮する必要がある。

(5) 学習指導案例

図画工作科学習指導案

平成○○年○月○○日（○）　第○校時　（○の○教室）○年○組　指導者　○○　○○

Ⅰ　題　　材　　　コロコロガーレ　―工作に表す―

Ⅱ　考　　察

1　題材観

(1)　学習内容：学習指導要領上の位置付け

> 感じたこと，想像したこと，見たことを絵や立体，工作に表す。　　　【A表現（2）】

(2)　培われる主な資質・能力

- 表したいことを表すことに関心をもち，自分の思いで取り組もうとする態度。
- 感じたこと，想像したこと，見たことから，表したいことを見付けたり，形や色，用途等を考えたりする力。
- 自分の表したいことに合わせて，材料や用具を使うとともに，いろいろな方法を試みる等工夫して表す力。
- 感じたことを話したり，話し合ったりしながら，形や色，表し方や材料による感じの違い等を捉え，よさやおもしろさを感じ取る力。

(3)　題材の価値

　高低差を利用したビー玉が転がる仕組みを，仕組みの組合せやつくり方を試しながらつくることができるようにしたいと考え，本題材を設定した。その価値は，以下のとおりである。

> 　ビー玉を転がして遊ぶ仕組みは，テレビで見たり，身の回りのおもちゃで触れたりする機会も多く，興味をもってつくることができる。そして，様々な転がる仕組みを組み合わせたり，箱等を使って高さを変えることが容易なため，自分のつくりたい仕組みを試しながら考えることができる。また，切ったり折ったりすることの容易な紙を数種類の中から選択したり，今までの学習から接着方法を選択したりして，自分のつくりたい仕組みに合わせて工夫してつくることができる。さらに，自分や友達の作品で遊びながら，自分なりに作品のよさやおもしろさ，工夫に気付くことができる。

(4)　共通事項との関連

　ビー玉を転がして遊ぶ楽しい仕組みを紙でつくる活動を通して，形や色，組合せ等の感じを捉え，自分なりのイメージをもつ。

(5)　今後の学習

　ここでの学習は，6年「どんな動きをするのかな」で，クランクで動く仕組みに興味をもち，仕組みの動きを生かしたおもちゃやその表し方を工夫し，クランクで動くおもちゃをつくる学習へと発展していく。

2　児童の実態及び指導方針

　子どもたちはこれまでに，次のような学習に取り組んできた。

(6) 図画工作科学習指導案作成上の留意点

Ⅰ 題　　材　→　題材名を記述する。

Ⅱ 考　　察
この題材の学習を行うにあたって，どのような指導事項に基づいて指導を行うのか，この題材で行う学習活動や扱う教材にはどのような価値があるのか，そして，児童の実態に対して教師がどのような指導上の配慮を行うのかを記述する。

1　題材観
(1) 学習内容：学習指導要領上の位置付け
この題材が指導上のどの指導事項に基づいて設定されたものかを明らかにする。その際，位置付ける指導事項を教師の意図で自由に設定するのではなく，各学校で意図的・計画的に作成されている「年間指導計画」に示されている「目標」に基づいて設定することが望ましい。授業者は学習指導要領解説の該当部分を読み，理解しておくことが望ましい。

(2) 培われる主な資質・能力
上記の指導事項に基づいて，「造形への関心・意欲・態度」「発想・構想の能力」「創造的な技能」「鑑賞の能力」の4つの観点から，本題材で子どもたちに培われる主な資質・能力を示す。

(3) 題材の価値
培われる資質・能力を子どもたちが身に付けていく上で，本題材で設定する造形活動にはどのような価値があるのか，また，本題材の教材にはどのような価値があるのかについて，授業者の捉えを記述する。
・リード文の記述例
　○○○○を，○○○しながら，○○○○できるようにしたいと考え本題材を設定した。その価値は，以下のとおりである。

造形への関心・意欲・態度	…本題材によって子どもたちが興味をもつ理由や意欲的に取り組める理由について分析して記述する。
発想・構想の能力	…本題材の特性により，どのような発想・構想の能力が発揮され，伸ばしていけるかを分析し，記述する。
創造的な技能	…表現を進める過程で，身に付けることができる技能や，表し方の工夫について分析し，記述する。
鑑賞の能力	…表現途中や完成後に，提示資料や自他の表現のもつよさや美しさに関心をもって見たり，感じ取ったことを自分の表現に生かしたり，認め合ったりする能力や態度を分析し，記述する。

(4) 共通事項との関連
培われる資質・能力や題材の価値を踏まえ，共通事項ア・イを一文にまとめ，記述する。

(5) 今後の学習
この題材の学習をする子どもたちが，次の題材でどのような学習活動を行うのかを明記する。指導事項に応じて，次学年以降の関連する題材を1つ取り上げるとよい。

2　児童の実態及び指導方針
児童の実態は，本題材を学習する以前の学習や題材の学習内容の系統性から見た今までの経験は

3年「ゴムの力でトコトコ」において，ゴムの元に戻る力で動く仕組みから発想し，仕組みに合わせたり，接着の仕方を考えたりして材料を加工し，動くおもちゃをつくる学習。

この学習の中で明らかになった，子どもの実態及び本題材を進めるにあたっての指導方針は，次のとおりである。

- 子どもたちは，ゴムの元に戻る力で動く仕組みに関心をもち，ゴムの元に戻る力を生かした動き方に興味をもちながら意欲的に取り組むことができている。このような子どもたちが，高低差を利用したビー玉が転がる仕組みに関心をもち，意欲的に取り組むことができるよう，数種類の転がる仕組みを組み合わせた参考作品を提示する。
- 子どもたちは，ゴムの元に戻る力で動く仕組みや，動きのおもしろさから飾りを思い付くことができている。このような子どもたちが，自分が楽しいと感じるビー玉の転がる仕組みを思い付き，その仕組みについて交流できるよう，遊びながら見合う場を設定する。
- 子どもたちは，ゴムの元に戻る力で動く仕組みや思い付いた飾りに合わせて，材料の使い方やつくり方を工夫してつくることができている。このような子どもたちが，思い付いたビー玉の転がる仕組みをつくることができるよう，高さを変えることの容易な箱や紙コップ，つくりたい仕組みに合わせて加工の容易さや強度を選択したり組み合わせたりすることができる数種類の紙を用意しておくとともに，色ガムテープ，ホチキス，のり等の接着方法を演示する。
- 子どもたちは，自分なりにつくったおもちゃで楽しく遊び，おもしろさや工夫に気付くことができている。このような子どもたちが，自分や友達の作品で遊んだり見合ったりして，よさやおもしろさ，工夫を見付けられるよう，机と椅子を利用して自分や友達の作品をつなげて遊ぶ時間を確保する。

Ⅲ　目標及び評価規準

1　目　標

高低差を利用したビー玉が転がる仕組みを紙でつくることを考え，形や色，強度等を工夫して表す。

2　評価規準

⑴　高低差を利用したビー玉が転がる仕組みに興味をもち，楽しい仕組みをつくることに取り組もうとしている。

⑵　どのように転がると楽しいか，全体の形や仕組みを考えている。

⑶　ビー玉が転がる仕組みを考え，仕組みにあった紙の扱い方を工夫して表している。

⑷　自分や友達の作品で遊び，表現の工夫やおもしろさ等を捉えている。

Ⅳ　指導計画（全8時間）

過程	学　習　活　動	時間
であう	○高低差を利用したビー玉が転がる仕組みを，筆記用具を並べてつくったり，紙を使った基本的なつくり方で試しにつくったりする。	1
	○台座の形や組合せを試しながら，自分の作品の見通しをもつ。	1
ひろげる・あらわす	○ビー玉の転がる楽しい仕組みを考え，材料の扱いや接着を工夫してつくる。（**本時3/5**）	5
ふりかえる	○自分と友達の作品で遊びながら，よさや工夫を紹介し合う。	1

どのようなものか，これらの学習を通してどのような造形的な力を身に付けているかを記述する。また，児童の実態を造形的な価値追求の視点から，学習のねらいに即して，具体的に記述する。ここでいう造形的な価値とは，本題材の価値及び学習内容において述べるものであり，記述の整合性を重視することが大切である。実際の記述の観点は次のようになる。造形的な力を観点に，関心・意欲・態度の面から，発想・構想の面から，創造的な技能の面から，鑑賞の面から具体的に述べる。

指導方針は，本題材において，学習を展開するにあたり，教師の指導観を児童への支援という形で具体的に述べる。ここでは，「目的」と「手立て」を明確にしながら，本題材の造形的な価値や児童の実態から，指導方法，指導形態，指導事項，材料や用具等について具体的に述べる。したがって，「目的」＋「手立て」となることが一般的である。ただし，学習者主体の学びを重視するという意味から，「目的」の部分の記述は「～させるよう」でなく，「～できるよう」にする。

以上の児童の実態及び指導方針を4つの観点別にまとめて記述する。

・リード文の記述例
　子どもたちは，○年「○○○○（題材）」において，○○○○（する）学習に取り組んできた。この学習の中で，明らかになった子どもの実態及び本題材を進めるにあたっての指導方針は，次のとおりである。

・観点別の記述例
　子どもたちは，○○○○ができている（児童の実態）。このような子どもたちが，○○○○することができるよう（目的），○○○○する（手立て）。

Ⅲ 目標及び評価規準

1 目　標

題材の目標は，学習指導要領でねらっている図画工作科の目標の方向に沿いながら，児童の実態と教材を結び付けることにより具体化された子どもの姿から設定されている。4観点のうち，「造形への関心・意欲・態度」及び「鑑賞の能力」は，複数の題材を継続的に学んでいく中で徐々に高まっていくものと捉え，目標は，本題材で培われる「発想・構想の能力」及び「創造的な技能」を明確にし，学習内容を加えた一文にして記述する。

2 評価規準

評価規準は，題材の学習の目標を「おおむね満足できる」状況にある子どもの姿を，4観点から記述したものである。
(1) 造形への関心・意欲・態度の面から設定する。
(2) 発想・構想の能力の面から設定する。
(3) 創造的な技能の面から設定する。
(4) 鑑賞の能力の面から設定する。

Ⅳ 指導計画

学習過程に沿って，学習内容や指導方法の面から考え，時間配当をする。本時の位置付けを（**本時**）と明示する。

第5章　各教科等の特色と指導案の書き方

V　本時の学習

1　ねらい　自分の思い付いたビー玉が転がる仕組みに合わせて、ビー玉が安定して転がることができるように紙を選択し、加工の仕方や接着の方法を工夫してつくる。

2　準備

　教師　　色紙　工作用紙　段ボール　巻きダンボール　7cmの帯状に切った紙　楊枝　紙コップ　大きくて丈夫な箱　ペットボトル　ガムテープ　ビー玉　割り箸　モール

　児童　　はさみ　セロハンテープ　のり　ホチキス　筆記用具　空き箱（大きくて丈夫な箱　小箱など）　プラスチック容器（ペットボトルなど）

3　展開

学習活動と子どもの意識	指導上の留意点
1　本時のめあてをつかむ。 　ビー玉の転がる仕組みを何度も試しながら、うまく転がるようにつくろう。 ・ぼくもジャンプ台をつくってみたいな。 2　ビー玉の転がる楽しい仕組みを考え、材料の扱いや接着を工夫してつくる。 ・2連続のジャンプ台をつくったら楽しそうだぞ。 ・工作用紙は固くて丈夫そうだけど、折りにくいな。色紙は柔らかいから細かく折ることができそうだな。 ・ビー玉が通る道は、ホチキスを使うとしっかり留まりそうだぞ。 ・試しにビー玉を転がしたら、紙の境目で止まってしまったぞ。セロハンテープを使って境目の段差をなくそう。 ・今度は、早く転がりすぎてしまったぞ。もう一度角度を変えて付け直したいな。一人ではできないので、友達に持っていてもらおう。 ・うまくビー玉が転がったぞ。友達と一緒に遊ぼう。 3　本時を振り返り、次時の見通しをもつ。 ・ジャンプ台をつくれてうれしいな。次はどんな仕組みをつくろうかな。	○自分の思い付いた楽しい仕組みを、ビー玉が安定して転がる仕組みにするための工夫に気付けるよう、子どもの作品にビー玉を転がして見せながら、ビー玉の転がる楽しい仕組みを紹介し、紙の種類や加工の仕方、接着の方法について、どんな工夫があるか問いかける。 ○ビー玉が安定して転がることができるような工夫に気付けるよう、丈夫な接着方法の工夫をしている子どもを賞賛する。 ○ビー玉が安定して転がることができるような仕組みになるよう、紙の種類や加工の仕方、接着の方法に着目して、友達の作品を見るよう促す。 ○自分の思い付いた楽しいしくみを思うようにつくれない子どもには、ビー玉の通る道を簡単につくることのできる7cmの帯状に切った紙を使うよう促したり、加工の仕方や接着の方法を助言したりする。 ――評価項目―― 　自分の思い付いた楽しい仕組みに合わせて、紙を選択したり、材料の組合せ方や接着の方法を工夫したりして、ビー玉が安定して転がるようにつくっている。 　　　　　　　　　　＜行動・作品（3）＞ ○つくったものを見直すことができるよう、自分や友達の作品で遊ぶ時間を確保する。

V 本時の学習
1 ねらい
　題材の目標を達成するために，本時で達成できる具体的なねらいを子どもの側からの書き方で記述する。本時の中心的な活動や手立てと，子どもたちに培われる資質や能力を一文で記述する。例では，中心的な活動として「加工の仕方や接着の方法の工夫」について示されている。さらに，手立てとして，自分の思いに合わせて紙を選択できるよう「様々な紙を準備する」ことも明確にしている。「自分の思い付いたビー玉が転がる仕組みに合わせて，ビー玉が安定して転がることができるようつくることができる」が，到達させたい子どもの姿である。

2 準　備
　本時の活動に必要なものを，教師・児童の立場から記述する。

3 展　開
(1) **学習指導の過程について**
　子どもたちが１単位時間の中で，どんなことをどんな流れで行うかが分かるように記述する。その際，図や絵などを説明として記入する必要があれば記述することが望ましい。
(2) **本時の展開を書く際の留意点**
　本時の授業場面について具体的に記述する部分である。１単位時間を「であう」「ひろげる・あらわす」「ふりかえる」の学習過程に分けて記述する。特に，教科の特性として，子どもの活動を十分に確保することが重要であるため，「ひろげる・あらわす」過程では，本時のねらいを達成させるための主たる活動をできる限り１つの活動に絞り，活動の目的と内容を明確にすることが大切である。
(3) **指導上の留意点の書き方例**
　学習活動の内容に対応して，その指導事項や配慮事項，工夫点等，指導方針をより具体化して記述し，主に教師が子どもに対して具体的にどのような支援を行うかを明確にする。目的と手立てを明確にして一文で記述する。
・指導上の留意点の記述例
　　○○○○できるよう（目的），○○○○する（手立て）。
　　ここでの手立ては主に，〜演示する。〜問いかける。〜促す。等の直接的なものとなる。
・資料提示
　　子どもたちに捉えさせたいことを明確にした上で，必要な資料を提示していく。特に，次のようなものが考えられる。（参考作品，参考資料）
・教師の働きかけ（賞賛・紹介，多様な造形表現活動の提示・演示，意図的な交流の促し，問いかけ）
(4) **評価項目**
　本時のねらいを達成した子どもの姿を，教師がみとることのできる具体的な姿として記述する。例えば，「〜考えている。」はどのように考えているのか教師がみとることができないので，「〜について記述している。」などのように，みとることのできる具体的な姿で記述する必要がある。また，（　）には，どのような具体的な姿（行動・発語・作品・学習プリント等）から評価するのか，本時で評価すべき主たる評価規準とともに明記する。

8　家庭科

(1) 家庭科の目標

> 衣食住などに関する実践的・体験的な活動を通して，日常生活に必要な基礎的・基本的な知識及び技能を身に付けるとともに，家庭生活を大切にする心情をはぐくみ，家族の一員として生活をよりよくしようとする実践的な態度を育てる。

　実践的・体験的な活動を通した学習方法を重視することは，家庭科の特質である。製作や調理等の実習はもちろんのこと，観察，調査，実験等の直接的な体験によって実感を伴って理解する学習を展開し，より確実な知識や技能を身に付け，それらを活用して家庭での実践を行えるようにする。知識や技能は，それだけを取り出して一方的に教え込むのではなく，学習活動全体を通して，子どもたちが自らの思考力や判断力を発揮し，実生活において活用できるものとして身に付けていくようにする。

　子どもたち家族の一員として家庭生活を見つめ直すことによって生活の中から課題を見出し，身に付けた知識や技能を生かしながら，工夫して主体的に生活する意欲や能力，態度を育てることが，家庭科の最終目標である。

(2) 家庭科の内容

　小学校学習指導要領では，家庭生活を総合的に捉える視点から，家族の生活の内容と衣食住の内容を関連させて多様な題材を構成することで，教科目標が実現しやすくなるように，下記の4つの内容が示されている。

| A　家庭生活と家族 | B　日常の食事と調理の基礎 | C　快適な衣服と住まい |
| D　身近な消費生活と環境 | | |

　これらは，子どもの様々な生活体験や家庭生活の実態に応じた弾力的な学習指導が展開できるように，2学年まとめて示されている。

　また，多様な子どもや地域の実態等に対応できるように配慮し，製作や調理の内容では，「米飯とみそ汁」以外の題材の指定はない。

(3) 家庭科指導の過程

①家庭科の題材の学習過程

　家庭科の題材の学習を進めていく過程は，次のようなものである。

見つめる・つかむ	この題材では，何をどのように解決していくのかという学習課題をつかむ
追究する	追究方法と追究内容の見通しをもち，課題を計画的に追究していく
まとめる・広げる	追究結果をまとめたり，家庭で実践したりする

②家庭科の授業の基本的な流れ

　家庭科の本時の授業を進めていく過程は，次のようなものである。

見通しを立てる	本時の活動についての見通しをもつ
実践的・体験的な活動を行う	観察・実験，試しの調理・製作，疑似体験，ロールプレイング等，ねらいにつながる気付きができるような活動を行う
まとめる	本時の学習を振り返るとともに，学習のまとめを行う

(4) 家庭科指導の特色

①問題解決的な学習について

　家庭科での問題解決的な学習は，身に付けた知識や技能を活用して，実生活において見出した課題を解決できる実践的な能力や態度の育成を目指して行う。したがって，学習過程において，子どもたちの家庭生活から具体的な問題を取り上げたり，家庭生活に生かしたりできる活動を，実生活と結び付けて取り入れていくことが大切である。本校の問題解決的な学習は，次のような過程で進めている。

【題材例】「クリーン大作戦を実行しよう」

生活を見つめ，問題をつかむ	自分の家庭生活から，整理整頓や清掃の必要な場所を決定する。
⇩	
解決のための情報収集を行う	整理整頓や清掃についての方法や工夫を，家庭でのインタビューを行ったり，本やインターネットを使ったりして調べる。
⇩	
解決方法の比較・検討を行う	よりよい方法や工夫を見付けるために，調べたいくつかの方法や工夫を実際に試す。
⇩	
意志決定を行う	試した結果から，よりよい方法や工夫を選択する。
⇩	
実生活において実践する	見付けた方法や工夫を生かして，家庭において「我が家のクリーン大作戦（大掃除）」を行う。

②実践的・体験的な活動について

　直接的な体験から，生活に必要な基礎的な知識や技能を身に付けることができるだけでなく，人と直接関わることで他者を大切にしたり，物をつくる過程に関わることで，物や環境を大切にしたりするような心情を育むことができる。本校では，次のような実践的・体験的な活動を取り入れている。

実践的・体験的な活動	具 体 的 な 内 容 例
製作や調理等の実習	・製作…ランチョンマット（手縫い），エプロン（ミシン縫い）等 ・調理…野菜いため，ごはんとみそ汁等
試しの活動	・事象の意味や問題点を考える活動…だしが異なるみそ汁の飲み比べ等 ・よりよい方法を見付ける活動…観察・実験，試しの製作・調理等
シミュレーション	・疑似体験…模擬買物等　　・ロールプレイング…家庭生活の再現等
インタビュー	・家族への聞き取り等

③家庭との連携について

　家庭科の学習内容は，家庭生活と密接に関わるものである。そこで，家庭生活の実態を踏まえつつ，学校における学習と家庭における実践との結び付きに留意し，連携を図っていかなければならない。そこで，本校では，以下のような点を学習計画に取り入れるようにしている。

○家庭における子どもたちの実態をつかむ。

　　学習を組み立てる際の重要な要素とするために，食習慣や，家庭の仕事への取組等，題材の学習内容に合わせて調査項目を設定し，事前調査を実施する。また，学習後に生活の実態に合わせて，どの程度実践できているのかを把握することも大切である。

○家庭での実践の機会を積極的に設ける。

　　保護者に家庭での実践の場を設けてもらうよう依頼し，繰り返し実践できるように働きかけることで，家庭生活において実践する態度を育成し，技能の習得や定着を図ることにつなげることができる。

第5章 各教科等の特色と指導案の書き方

(5) 学習指導案例

家庭科学習指導案

平成○○年○月○○日（○）　第○校時　（家庭科教室）○年○組　指導者　○○　○○

Ⅰ　題材　　　　　目指そう！衣服のお手入れ名人

Ⅱ　考察

1　題材観

(1) 学習内容：学習指導要領上の位置付け

> C　快適な衣服と住まい　（1）衣服の着用と手入れ
> 　イ　日常着の手入れが必要であることが分かり，ボタン付けや洗濯ができること。
> D　身近な消費生活と環境　（2）環境に配慮した生活の工夫
> 　イ　（2）については，「B日常の食事と調理の基礎」又は「C快適な衣服と住まい」との関連を図り，実践的に学習できるようにすること。

(2) 培われる主な資質・能力

- 衣服に関心をもち，日常着を気持ちよく着たり，手入れをしたりしようとする態度
- 日常着の着方と手入れについて課題を見付け，その解決を目指して考えたり，自分なりに工夫したりする力
- 日常着の着方と手入れに関する基礎的・基本的な知識や技能

(3) 題材の価値

本題材では，衣服の着用と手入れについて学習する。その価値は，以下のとおりである。

> 汚れの付いた衣服を洗濯し，毎日きれいな衣服を身に付けることで，体を清潔に保つことができる。また，衣服は手入れをすることで長持ちし，くり返し着用することができる。そのため，衣服の着用と手入れに関する基礎的・基本的な知識や技能を身に付けることは，快適に生活するために価値あることと考える。さらに，水だけで落ちない汚れには洗剤を使う。洗剤の適切な量を知り，水や洗剤を無駄にしない洗濯を行えるようになることは，環境に配慮した生活につながる。

(4) 今後の学習

ここでの学習は，6年「暑い季節を快適に過ごそう」「寒い季節を快適に過ごそう」で，季節の変化に合わせた着方を考える学習へと発展していく。また，5年「ゆでておいしく！」「いためておいしく！」や5年「クリーン大作戦を実行しよう」で，自分の生活と身近な環境との関わりを考えた，環境に配慮した生活を工夫する学習へと発展していく。

2　児童の実態及び指導方針

子どもたちはこれまでに，5年「手縫いに挑戦しよう」において，なみ縫いや返し縫い，ボタンの付け方等を学習し，給食の時間に使用できるオリジナルのランチョンマットを製作してきた。また，家庭生活の中では，布を手縫いしたり，ボタンを付けたりして，簡単な小物をつくり，生活に生かしている子どももいる。

(6) 家庭科学習指導案作成上の留意点

Ⅰ 題　材　→　題材名を記述する。

Ⅱ 考　察

　この題材の学習を行うにあたって，どのような指導事項に基づいて指導を行うのか，この題材で行う実践的・体験的な活動にはどのような価値があり，家庭生活へどのようにつながるのか，そして，児童の実態に対して教師がどのような指導上の配慮を行うのかを記述する。

1　題材観

(1) 学習内容：学習指導要領上の位置付け

　この題材が学習指導要領上のどの指導事項に基づいて設定されたものかを明らかにする。その際，位置付ける指導事項を教師の意図で自由に設定するのではなく，各学校で意図的・計画的に作成されている「年間指導計画」に示されている「目標」に基づいて設定することが望ましい。授業者は学習指導要領解説の該当部分を読み，理解しておく。

　「D身近な消費生活と環境」の内容については，他の3つの内容との関連を図り，実践的に学べるように配慮する。

(2) 培われる主な資質・能力

　上記の指導事項に基づいて，「家庭生活への関心・意欲・態度」「生活を創意工夫する能力」「生活の技能」「家庭生活についての知識・理解」の4つの観点から，本題材で子どもたちに培われる主な資質・能力を示す。4つの観点を別々に述べたり，複合して述べたりする。

```
―― 培われる資質・能力の記述例 ――
関 心 ・ 意 欲 ・ 態 度　…　「～しようとする態度」
創 意 工 夫 す る 能 力　…　「～考えたり，自分なりに工夫したりする力」
技　　　　　　　　　能　…　「～に関する基礎的・基本的な技能」
知　識　・　理　解　…　「～についての理解」「～に関する基礎的・基本的な知識」

技能と知識・理解を複合する場合　…　「～に関する基礎的・基本的な知識や技能」
```

(3) 題材の価値

　培われる資質・能力を子どもたちが身に付けていく上で，本題材の学習にはどのような価値があり，家庭生活へどのようにつながるのか授業者の捉えを具体的に記述する。ここに，授業者の指導意図や題材理解が強く表れるため，教材研究を十分に行った上で記述する。

(4) 今後の学習

　ここでの学習が今後どのように発展していくのか，系統を記述する。本題材と同じ内容（A～Dの4つの内容）で，題材名及び学習内容を端的に記述する。6年生後半の題材の場合には，中学校での学習について記述することもある。

2　児童の実態及び指導方針

　この題材を学習する子どもたちが，どのような実態にあるかを明らかにし，その実態に応じた教師の間接的な手立てを記述する。子どもの実態については，みとりを十分に行うとともに，必要があれば調査（質問紙によるアンケート等）を実施する。

「子どもたちはこれまでに，～してきた。また，**家庭生活の中では，～**」

　本題材を学習する子どもたちの既習内容について，本題材と同じ内容（A～Dの4つの内容）の題材名及び学習内容を端的に記述する。このことにより，子どもたちがどのような学習をしてきたのかが明確になり，学びに連続性をもたせることができる。さらに，家庭科は生活と密接に

これらの学習や生活経験の中で，明らかになった子どもたちの実態及び本題材を進めるにあたっての指導方針は，次のとおりである。

- 自分で製作したものを，日常生活の中で生かすようになってきている。このような子どもたちが，衣服の手入れについて関心をもてるように，自分で製作したランチョンマットや，普段履いている靴下を用いて実習を行うようにする。
- 小物づくりを行う際に，日常生活での具体的な使用場面を想定し，生活に生かせるものを考えることができるようになってきている。このような子どもたちが，家庭でできる衣服の手入れを考えられるように，1週間の洗濯やアイロンがけの回数についての調査活動を設定する。
- 製作において，目的に応じた布を選んだり，丈夫にボタンを付けたりできるようになってきている。このような子どもたちが，手洗いの仕方やアイロンのかけ方，環境への影響を考えた洗濯の仕方についての知識や技能を，実感を伴って身に付けることができるように，引っ張った時の布の伸び方の違いを調べる活動や，洗剤量を変えた時の，汚れの落ち具合や使用する水の量を比べる活動を設定する。

Ⅲ　目標及び評価規準

1　目標

洗濯やアイロンがけ等，衣服の手入れの方法について実感をもって理解し，日常生活に生かそうとする。

2　評価規準

(1) 自分で製作したランチョンマットや日常着の手入れに関心をもち，きれいに洗濯したり，アイロンをかけたりしようとしている。

(2) 衣服に合った手入れの方法を考えたり，家族の一員として家族のためにできる衣服の手入れを考えたりする。

(3) 洗濯に必要な洗剤や水の分量，アイロンをかける向き等に注意して，気持ちよく使ったり着たりするための手入れをする。

(4) 水や洗剤を無駄にしない洗濯の仕方，汚れに合った洗い方，アイロンのかけ方を理解している。

Ⅳ　指導計画（全7時間）

過程	学習活動	時間
見つめる つかむ	○「気持ちよく使ったり着たりするための，手入れの仕方を工夫しよう」という，学習のめあてをつかむ。	1
追究する	○ランチョンマットを洗剤を使わず，手洗いする。	1
	○ランチョンマットを用いて，アイロンがけの実習を行う。	1
	○洗剤を用いた手洗いの仕方について調べる。	1
	○調べた手洗いの仕方を基に，洗剤の量に着目して靴下の洗濯実習をする。 （本時）	1
まとめる 広げる	○これまでの学習や実習を振り返り，家族の一員として家族のために自分にできる衣服の手入れを考える。	1
	○実践計画に沿って，家庭で衣服の手入れを行う。	家庭
	○家庭での実践を報告し合う。	1

関わっているので，必要に応じて，学習内容に関する生活経験についても記述する。
「これらの学習や生活経験の中で，〜」
　既習内容や生活経験によって子どもたちに身に付いたと考えられる資質・能力について，4つの観点から別々に記述したり，複合して記述したりする。

児童の実態及び指導方針の記述例

「〜になってきている。このような子どもたちが，〜できるように，〜を設定する。」
　　（児童の実態）　　　　　　　　　　　（培われる資質・能力）（教師の手立て）

・家庭生活への関心・意欲・態度に関わる実態
　これまでの学習がどのように家庭生活の中で生かされているのかを記述する。さらに本題材の学習内容について関心・意欲を高めるために，教師が題材内でどのような実践的・体験的な活動や教材を設定するのかを記述する。
・生活を創意工夫する能力に関わる実態
　子どもたちがどのように考えたり，自分なりの工夫をしたりしてきているのかを記述する。さらに本題材の学習内容を家庭生活とのつながりで考えられるように，教師が題材内でどのような実践的・体験的な活動や教材を設定するのかを記述する。
・生活の技能や家庭生活についての知識・理解に関わる実態
　子どもたちが，どのような技能や知識を身に付けてきているのかを記述する。さらに本題材でどのような技能や知識を，実感を伴って身に付けてほしいのか，そのために教師がどのような実践的・体験的な活動や教材を設定するのかを記述する。

Ⅲ　目標及び評価規準　→　年間指導計画より記述する

1　目標
　その題材の主たるねらいを端的に表したものであり，学習を通して子どもが何を身に付けることができるのかを示している。題材を通して，「知識・技能の定着」と「関心・意欲と創意工夫」の両面を図りながら，4観点をバランスよく盛り込み，目標を構造化して設定する。

2　評価規準
　子どもたちが目標に向かっているか，または，目標を達成しているかという評価の窓口となるものが評価規準である。この評価規準は，4観点から培いたい資質・能力を具体的に記述する。実際の授業では，この4観点から常に評価しつつ，指導を進めていくことになる。

Ⅳ　指導計画
　Ⅱ（題材の考察）で述べたことを，学習内容，教材，学習形態などに反映させ，指導計画を立てるようにする。学習を進めていく順序を考え，それに伴い時間を配当していく。ここでも，子どもの実態を考慮し，どれほどの時間が必要なのか検討していくことが大切である。本時が何時間目にあたるのかを（**本時**）と明記する。また，教科の特色から，家庭における調査や実践についても明記する。

第5章 各教科等の特色と指導案の書き方

V 本時の学習

1　ねらい　使用する洗剤の量に着目して靴下の手洗いを行うことを通して，水や洗剤を無駄にしない洗濯の仕方が分かる。

2　準　備　おけ　洗剤　計量カップ　計量スプーン　靴下

3　展　開

学習活動と子どもの意識	指導上の留意点
1　本時の活動について，見通しを立てる。 ・洗剤の量を増やしても汚れの落ち具合が変わらないのなら，なぜ使用量の目安が書いてあるのかな。 ・洗剤を多く使うと，泡を落とすのにすすぎの回数が増えるのかな。 2　靴下の手洗いを行う。 ・水に洗剤を溶かして，洗剤液をつくるのだな。 ・靴下などの丈夫な布は，こすり合わせるように，もみ洗いするのだったな。 ・部分的な汚れは，指でつまんでつまみ洗いをした方がよいのだったな。 ・洗剤液が濁ってきたぞ。靴下の汚れが落ちているのだな。 ・すすぎでは，洗剤液をできるだけ落とすように，できるだけしぼるとよいのだな。 ・よくしぼらないと，干した時に乾きが悪くなるな。 ・洗剤の量が多い洗剤液は，洗剤が溶けきらずおけの底に残っているな。 3　本時のまとめをする。 ・洗剤の量を多くしても，汚れの落ち具合は同じ位だったよ。 ・洗剤の量が多くなると，泡を落とすために，すすぎの回数が増えてしまったよ。だから，洗剤には使用量の目安があるのだな。 ・すすぎの回数が多くなると，水を無駄に使ってしまうよ。 ・水や洗剤を無駄にしないために，使用量の目安に合わせた洗剤の量で洗濯するのがいいのだな。	○活動の見通しがもてるように，洗剤の量を適量よりも多くすると，汚れの落ち具合や，すすぎの回数などは変わるか問いかける。 ○活動を手際よく安全に進められるように，留意点を全体で確認したり，手順を掲示したりする。 ○1人1人が洗剤の量に着目した手洗いができるように，洗いおけを人数分用意する。 ○条件をそろえて汚れの落ち具合を比較できるように，計量カップや計量スプーンの使い方を全体で確認したり，演示したりする。 ○洗剤の量が多くなると，使用する水の量が増えることに気付けるように，洗剤液の泡立ち，すすぎによる泡の落ち具合やすすぎ回数も比べるよう促す。 ○丁寧に手洗いを行っている子どもや，汚れの落ち具合や使用する水の量に対する気付きがある子どもを賞賛する。 ○戸惑っている子どもに対しては，手順や洗い方を問いかけたり，一緒に洗ったりする。 ○汚れの落ち具合や使用する水の量を比べて気付いたことを，学習プリントに記述し，発表するよう促す。 ┌─評価項目─┐ 　洗剤の量を変えた手洗いを比較しながら，水や洗剤を無駄にしない洗濯の仕方について，発言，記述している。 　　　　　　　　＜発言・学習プリント（4）＞ ○洗濯と環境を結び付けられるように，洗剤や水の量を，環境との関わりで考えている子どもを意図的に指名する。

V　本時の学習

1　ねらい

本時の学習の中でも，このねらいの設定が最も重要である。教師がこの時間で伸ばしたい能力や，身に付けさせたい知識や技能及びそれを達成するための手立てについて，具体的に1文で明記する。学習者である子どもを主語にして記述する。

2　準　備

実際に授業で使う教材・教具や，資料，学習プリントなどを記述する。教科書やノートは書かなくてよい。ここで示したものについては，展開の中で使い方について記述する。

3　展　開

学習指導の過程は，一般的に「導入」「展開」「終末」の3段階で構想していく。

導　入	子どもたちが，前時の学習内容を発表したり，教師の話を聞いたりして，前時の学習を振り返る場を設ける。また，具体物や資料を提示して，本時のめあて（何のために，何を，どんな順序で学習していくのか）をつかめるようにし，見通しをもって学習に取り組んでいけるようにする。
展　開	1時間の学習の中心となる部分である。学習形態も個別，グループ，一斉などから，より有効なものを選択する。実習を取り入れる場合には，子どもたちが実際に作業する時間をなるべく多くとるようにする。
終　末	どこまで学習が深まったのかを確認し合いながらまとめをし，次時の予定を知る場である。学習のまとめでは，学習を通して分かったことや感想を発表し合い，次時への動機付けが図られるようにする。

学習指導の過程にしたがって，表にして記述していく。

学習活動と子どもの意識	指導上の留意点
○子どもがどのような流れで学習活動を行っていくのかを，子どもを主語にして記述する。 ○1時間を通しての子どもの意識の変容が明らかになるように記述する。 （～だな。　～してみよう。　～はどうかな。） ○最後は，めあてを達成した子どもの姿を想定する。	○学習活動を進めるにあたっての手立てを，教師を主語にして具体的に記述する。 （目的）できるように，（手立て）する。 ○裁縫用具，ミシン，アイロン，包丁，ガスこんろ等の使用にあたっては，口頭で伝えるだけでなく，掲示をするなどして，子どもたちに安全面の注意事項の徹底を図る。 ○できている子どもへの賞賛，できていない子どもへの個に応じた支援を具体的に記述する。

＜靴下を手洗いしている様子＞

＜野菜を切っている様子（野菜いためづくり）＞

第5章 各教科等の特色と指導案の書き方

9 体育科

(1) 体育科の目標

> 心と体を一体としてとらえ，適切な運動の経験と健康・安全についての理解を通して，生涯にわたって運動に親しむ資質や能力の基礎を育てるとともに健康の保持増進と体力の向上を図り，楽しく明るい生活を営む態度を育てる。

　この目標は，各部分の内容が相互に密接な関連をもちつつ，体育科の究極的な目標である「楽しく明るい生活を営む態度を育てる」ことを目指すものである。

　この目標を達成するためには，体力の低下や運動に興味をもち活発に運動する子どもとそうではない子どもの二極化，生活習慣の乱れやストレス及び不安感が高まっている現状を踏まえ，心と体を一体として捉え，運動領域と保健領域を一層関連させて指導することが重要である。したがって，「生涯にわたって運動に親しむ資質や能力の育成」，「健康の保持増進」及び「体力の向上」の具体的な目標が相互に密接な関連をもっていることを示すとともに，体育科の重要なねらいであることを示したものである。

　体育科の各学年の目標は，体育科の目標を踏まえて第1学年から第6学年までに達成させたいものを低・中・高学年の3段階で示している。これは，体育の学習指導に弾力性をもたせることを配慮したものである。教科の目標が体育科の目指す方向を示しているのに対して，学年の目標は，各学年における体育の学習指導の方向をより具体的に示したものである。

　学年の目標の構成は，低学年では2項目，中・高学年では3項目からなっている。最初の項目では，思考・判断，運動の特性，技能及び体力に関する目標を，次の項目では，協力，公正の態度，健康・安全に関連した態度や積極的に運動に取り組むなどの態度を示している。また，中・高学年の項目では，健康で安全な生活を営む資質や能力を育てるなどの保健領域に関連した目標を示している。

(2) 体育科の内容

　体育科の運動領域の内容は，次表のとおりの領域構成である。運動領域においては，発達段階のまとまりを考慮するとともに，基礎的な身体能力を身に付け，運動を豊かに実践していくための基礎を培う観点から，発達の段階に応じた指導内容の明確化・体系化が図られている。

学年	1・2	3・4	5・6
領域	体つくり運動		
	器械・器具を使っての運動遊び	器械運動	
	走・跳の運動遊び	走・跳の運動	陸上運動
	水遊び	浮く・泳ぐ運動	水泳
	ゲーム		ボール運動
	表現リズム遊び	表現運動	
		保健	

(3) 体育科指導の過程

体育科の学習指導は，直接指導，めあて学習（スパイラル型，ステージ型）など多種多様な学習指導がある。しかし，ある1つの学習指導が大切なのではなく，児童の実態，学習する内容を基に，適切な学習指導を適用することが大切である。

体育科の単元の学習を進めていく基本的な学習指導の過程は次のようなものである。「習得型」「活用型」「探求型」という3つの学習指導があり，「習得型」の学習指導では，基本的な技能や知識の習得を目指し，「活用型」の学習では，習得したそれらの技能や知識を活用する。「習得型」「活用型」の学習を相互に関連付けて学習過程を構成していく。さらに，「探求型」の学習では，それらにより身に付けたことを基本として教科の枠を超えて，子ども自身の興味・関心を生かして学習を進めていく。

①体育科の単元の指導計画

つかむ	どのようなねらいでどのような内容の学習をするのか，それをどのようなルールや方法で学習するのか等，単元の見通しをもてる説明をしたり，試しの活動を設定したりする。
追求する	ねらいの達成に向けて，各課題を解決するための活動を設定する。スモールステップやドリルゲーム等の習得学習と，タスクゲームやミニ発表会等の習得したことを活用する学習を適切に組み合わせる。
まとめる	学習したことの成果を発揮できる大会や記録会，発表会を設定する。活動後に，単元を振り返り，学習した成果を実感する機会を設ける。

②体育科の授業の基本的な流れ

はじめ	この授業で何を学習していくのかという「本時のめあて」をつかむ。
なか	本時の授業のめあての達成に向けて，設定した活動に取り組み，課題を解決していく。
おわり	本時の授業のめあてについて，その成果と課題を振り返り，本時のまとめをする。

(4) よりよい体育授業を目指して

よりよい体育授業を目指すにあたり，次のようなことが明らかにされている。

①教材づくりの工夫

体育科において，学習内容を習得するために教材化をしっかり図る必要がある。その際に気を付ける点として，次の2つの視点を大切にする必要がある。1つ目は，子どもたちにとって分かりやすく，技能が身に付きやすく，仲間と関わり，楽しく夢中になる内容となっているか。2つ目は，学習の機会が平等であり，挑戦的でプレイのおもしろさに満ちた学習意欲を喚起するものとなっているか。これらの視点から，子どもたちの実態に合った教材づくりを図る必要がある。また，教材をつくるとは，課題をつくること，学習する場をつくること，学習手順をつくること，これら3つのことをいう。

②情報機器の活用，教具の工夫

運動は，一瞬の動きで再現性のないものである。それらを子どもたちが捉えやすくするには，可視化などを図る教具を用意する必要がある。例えば，ＩＣＴなどの活用があげられる。タブレットＰＣなどの撮影機能を使い，動きを撮影し，それらを試技後に見直すことで，動きを見直し，改善することができる。また，ハードルの上にカードを付け，そのカードにあてるように跳ぶことで，動きができたかどうかを判断でき，それを基に改善することができる。

③基本的な学習習慣の確立

体育では，教室の授業と異なり，校庭や体育館など自由な空間で行う。また，準備や片付け等も時間がかかるものが多い。そのため，移動の時間や，試技の順番，役割等の約束を単元開始時にしっかりと確認しておく必要がある。

第5章 各教科等の特色と指導案の書き方

(5) 学習指導案例

体育科学習指導案

平成○○年○月○日（○）　第○校時　体育館　○年○組　指導者　○○　○○

Ⅰ　単　　元　　マット運動

Ⅱ　考　　察

1　教材観

(1)　学習内容：学習指導要領の位置付け

> マット運動では，自己の能力に適した課題の解決の仕方や技の組み合わせ方を工夫しながら，基本的な回転技や倒立技を安定して行うとともに，その発展技を行ったり，それらを繰り返したり組み合わせたりすること。【B器械運動－ア】

(2)　培われる主な資質・能力

- マット運動の楽しさや喜びに触れることができるよう，進んで取り組むとともに，約束を守り助け合って運動をしようとしたり，運動する場や器械・器具の安全に気を配ろうとしたりする態度
- 自分の力に合った課題の解決を目指して，練習の仕方や技の組み合わせ方を工夫する力
- マット運動について，安定した基本的な技やその発展技を身に付けるための技能

(3)　教材の価値

本単元は，マット運動の各技のポイントを生かして，マット運動発表会に向け，マット運動に取り組む学習である。その価値は，以下のとおりである。

> **教材の価値**
>
> マット運動は，非日常的な運動であり，できなかったことができるようになるところにおもしろさや楽しさの中心がある。子どもたちにとっては，マット上でいままでにつくり出されてきた技に挑戦し，これを達成することにも楽しさが見出される運動である。
>
> また，達成だけでなく，様々な条件を変えたり，連続技に挑戦したりと，困難な条件に挑戦する楽しさもある。さらに，仲間と合わせて演技するような集団的な運動として楽しむこともできる。
>
> 前転や後転，壁倒立，開脚後転などが身に付いてきた5年生にとって，大きな前転や跳び前転，ブリッジや側方倒立回転の動きを身に付けることができる。また，できたかできなかったかが分かりやすいので，各技の動きのポイントを見付けたり，友達と励まし合ったり，互いに教え合ったりしながら，発表会で技の成果や喜びを味わうことができる。

(4)　今後の学習

ここでの学習は，中学1年「マット運動」回転系や巧技系の基本的な技を滑らかに行うこと，条件を変えた技や発展技を行うこと，それらを組み合わせることなどの学習へと発展していく。

2　児童の実態及び指導方針

子どもたちは，これまでに4年「マット運動」において，開脚前転，開脚後転，首倒立，頭倒立を学習してきた。この学習の中で，明らかになった子どもたちの実態及び本単元を進めるにあたっての指導方針は，次のとおりである。

(6) 体育科学習指導案作成上の留意点

Ⅰ 単　元 → 単元名を記述する。

Ⅱ 考　察

この単元の学習を行うにあたって，どのような指導事項に基づいて指導を行うのか，この単元で扱う教材にはどのような価値があるのか，そして子どもの実態に対して教師がどのような指導上の配慮を行うのかを記述する。

1　教材観

(1) 学習内容：学習指導要領上の位置付け

この単元が指導要領上のどの指導事項に基づいて設定されたものかを明らかにする。その際，位置付ける指導事項を教師の意図で自由に設定するのではなく，各学校で意図的・計画的に作成されている「年間指導計画」に示されている「目標」に基づいて設定することが望ましい。教師は学習指導要領解説の該当部分を読み，理解しておくことが望ましい。

(2) 培われる主な資質・能力

上記の指導事項に基づいて，「関心・意欲・態度」「思考・判断」「技能」の3つの観点から，本単元で子どもたちに培われる主な資質・能力を示す。

```
── 培われる主な資質・能力の記述例 ──
関心・意欲・態度　…　「（～しようとする）態度」
思考・判断　　　　…　「（～する）力」「（～する）能力」
技能　　　　　　　…　「（～についての）技能」「（～についての）動き」
```

(3) 単元の価値

培われる主な資質・能力を子どもたちが身に付けていく上で，本単元で設定する単元にはどのような価値があるのか，また本単元の教材として扱う素材（運動・スポーツ）にはどのような価値があるのかについて，教師の捉えを記述する。ここに教師の指導意図や教材理解が強く表れるため，教材研究を十分に行った上で記述することが望ましい。記述の際には上記の3観点に沿って，観点ごとにその価値を記述するとよい。

```
── 単元の価値の記述例 ──
・素材（運動・スポーツ）及びその特性を，関心・意欲・態度との関連から考察する。
・素材（運動・スポーツ）及びその特性を，思考・判断との関連から考察する。
・素材（運動・スポーツ）及びその特性を，技能との関連から考察する。
```

(4) 今後の学習

この単元の学習をする子どもたちが，次の単元でどのような学習活動を行うのかを明記する。指導事項に応じて，次学年の関連する単元を1つ取りあげるとよい。

2　児童の実態及び指導方針

この単元を学習する子どもたちが，どのような実態にあるかを明らかにするとともに，実態に応じて教師が行う間接的な手立てを記述する。

- マット運動に進んで取り組み，友達と励まし合ったり，開脚前転や頭倒立などの動きのポイントを教え合ったりすることができるようになってきている。このような子どもたちが，友達と協力し合ったり，大きな前転や側方倒立回転などのポイントを教え合ったりすることができるよう，男女混合6人チームの中に観察する役割，試技する役割を設定する。
- 開脚前転や頭倒立などの動きのポイントを見付けることができるようになってきている。このような子どもたちが，大きな前転や側方倒立回転などの動きのポイントを見付けることができるよう，互いの動きを見合い教え合う場を設定する。
- 開脚前転や頭倒立などの技ができるようになってきている。このような子どもたちが，動きのポイントを踏まえて大きな前転や側方倒立回転などの動きができるよう，それらの動きのポイントができているかを判断する教具を使用する。

Ⅲ 目標及び評価規準

1 目標

友達と協力し合い，各技のポイントを見付けたり，練習を工夫したりしながら，大きな前転や跳び前転，ブリッジ，側方倒立回転の技ができる。

2 評価規準

(1) 互いに協力して，大きな前転や跳び前転，ブリッジ，側方倒立回転に挑戦しようとしている。
(2) 大きな前転や跳び前転，ブリッジや側方倒立回転のポイントを見付け，自分の課題に合った練習場所を選んだり，技の組み合わせを工夫したりしている。
(3) 大きな前転や跳び前転，ブリッジ，側方倒立回転ができる。

Ⅳ 指導計画（全8時間）

過程	学習活動	時間
つかむ	○大きな前転や跳び前転，ブリッジ，側方倒立回転を試し，共通のめあてや自分のめあてを立てる。	1
追求する	○大きな前転と跳び前転を試行し，それぞれの動きのポイントを見付ける。	1
	○腰を高くあげる等のポイントを踏まえた大きな前転と跳び前転に挑戦する。	1
	○ブリッジを試行し，動きのポイントを見付け，あごを出す等の動きのポイントを踏まえたブリッジに挑戦する。**(本時)**	1
	○側方倒立回転を試行し，その動きのポイントを見付ける。	1
	○マットを見るようにして手を着く等のポイントを踏まえた側方倒立回転に挑戦する。	1
	○大きな前転や跳び前転，ブリッジ，側方倒立回転を組み合わせた連続技の集団演技に挑戦する。	1
まとめる	○マット運動発表会で，これまでのポイントを踏まえた集団演技に挑戦し，友達のよい動きや頑張りを認め合い，学習のまとめをする。	1

「子どもたちはこれまでに」〜
　子どもたちが，本単元を学習するまでに，どのような学習を行ってきたかを記述する。内容的に関わりのある単元を具体的にあげ，どのような学習活動であるかを端的に記述する。

「この学習の中で明らかとなった」〜
　既習の単元から子どもたちが身に付けてきている資質・能力と，それをさらに培うための教師の間接的な手立てを記述する。その際，「関心・意欲・態度」「思考・判断」「技能」の観点ごとに記述する。

児童の実態・指導方針の記述例

「〜ができるようになってきている。このような子どもたちが〜できるよう，〜を設定（使用）する。」
　　（児童の実態）　　　　　　　　　　　　　　　（培われる資質・能力）　（教師の手立て）

・関心・意欲・態度に関わる実態
　子どもたちが，どのようなことに興味・関心をもっているのか，どのような態度を身に付けてきているのかを系統を踏まえ記述する。さらにその関心，意欲，態度を培うために教師が本単元で教材化を図り，どのような活動を設定するのかを記述する。

・思考・判断に関わる実態
　子どもたちが，どのような思考・判断を身に付けてきているのかを記述する。さらにその思考・判断を伸ばすために，教師がどのような活動を設定するのかを記述する。

・技能に関わる実態
　子どもたちが，どのような技能を身に付けてきているのかを記述する。また，さらに技能を伸ばすことができるよう，教師がどのように教材化を図り，どのような活動を設定するのかを記述する。

Ⅲ　目標及び評価規準

1　目標

2　評価規準

　目標，評価規準，指導計画は，年間指導計画及び指導資料を基に記述する。通常，培われる資質や能力は，関心・意欲・態度面，思考・判断面，技能面から考えることができる。単元の目標はこの3つの面を包括したものと捉えられる。

Ⅳ　指導計画

　指導資料に合わせて，学習計画を記述する。本時の位置付けを（**本時**）と明示する。
　ここでは，指導の手順及びそれに要する時間が書かれる。単元の特質を考え，児童の実態を知り，望ましい学習指導法を考えることでこの単元を指導する時間，順序，しくみが決まってくる。

＜みんなで協力して準備をしている様子＞

＜作戦盤を使って作戦を立てる様子＞

V 本時の学習

1 ねらい　あごを出すなどの動きのポイントを見付け，ポイントを踏まえたブリッジに挑戦する活動を通して，ブリッジができる。
2 準　備　マット　エバーマット　タブレットＰＣ
3 展　開

学習活動と子どもの意識	指導上の留意点
1　本時のめあてをつかむ。 ・毎回やってると，だんだん，体を反っても平気になってきたな。 ・ブリッジがうまくできなかったな。 ・ブリッジのポイントを見付けて，ブリッジをできるようにするぞ。 2　ブリッジのポイントを見付ける。 ・ぼくは，体を反ることはできるけど，倒れてしまってできないな。手や顔をどうするとできるか考えていこう。 ・タブレットＰＣで自分のブリッジを撮って確認したら，やはり，あごを出すようにやるとうまくできそうだということが分かったぞ。 ・友達の発表を聞いても，あごを出すようにやるとよいことが分かったぞ。 ・見本でやってくれた友達も，あごを出すようにやっているな。ぼくも，次の活動では，あごを出すようにやってみよう。 3　ブリッジの動きのポイントを踏まえたブリッジに挑戦する。 ・あごを出しながら，挑戦したら，体がうまく反れて，もう少しでできそうだぞ。 ・タブレットＰＣの映像を見ても，自分の動きが前よりうまく反れていたぞ。次は，手を返すように着いて頑張ってみよう。 ・手の着き方を工夫したら，ブリッジができたぞ，先生や友達からも，よくできているねって褒められてうれしいな。 4　本時の学習を振り返り，まとめをする。 ・見付けたポイントを生かして，ブリッジができるようになってうれしいな。 ・次は，側方倒立回転を頑張ってできるようにするぞ。	○ブリッジに必要な基礎的な感覚が身に付くように基礎感覚をつくる運動を例示する。 ○「ブリッジのポイントを見付け，ブリッジに挑戦しよう」という本時のめあてをつかめるように，つかむ過程でブリッジを試したときのことを想起するように促す。 ○ブリッジのポイントを見付ける際は，何を考えるのかを明確にできるように，「手」や「顔」を観点として提示する。 ○自分の考えのよさを確認して自信を深めたり，ブリッジのポイントを見付けたりできるように，各グループにタブレットＰＣを用意し，自分の動きについて，考えていることと実際の自分の動きを比べるよう促す。 ○気付かなかった動きのポイントに気付くことができるように，動きのポイントを発表したり，そのよさを考えたりする話合いの場を設定したりする。その際，よい動きを見付けてよい動きで動いていた子を紹介する。 ○自分の動きに自信をもったり，よい動きを参考にできるように，あごを出すようにブリッジしている子，手首を返しながらマットに手を着いている子など，よい動きをしている子を見付け称賛したり，紹介したりする。 ――― 評価項目 ――― 　ブリッジができる。　　＜行動（3）＞ ○ブリッジができない子には，徐々に自分の力でできるように，腰を支えて補助をする。 ○ブリッジができたことを実感できるように，頑張ってブリッジができたことを称賛する。 ○次時は，側方倒立回転の動きのポイントを見付けて，挑戦するという学習への見通しがもてるように，側方倒立回転をすることを伝える。

V 本時の学習

1 ねらい

単元全体の目標を基に，本時で達成できるより具体的なねらい，及びそれを到達するための最も大切な手立て（設定した学習活動）は何かを明らかにして書く。特に，技能におけるねらいを明確にするとよい。ここでは，学習者である子どもが主語で書かれる。

2 準備

実際の授業で教師と子どもが使う用具や教具について，双方の立場で具体的に書かれるのが望ましい。特に，展開で取りあげられる用具や器具を落とさないようにする。

3 展開

本時の授業場面について具体的に記述をする部分である。以下「はじめ→なか→おわり」を学習指導の基本的な過程として，それぞれの過程の考え方や留意事項，実際の展開の書き方とその留意点についてその内容を述べる。

(1) 学習指導の過程について

過程	指導の考え方
はじめ	前時の学習から出てきた課題や試しの活動の中から出てきた課題等の課題意識を大切にする。
なか	課題解決へ向けて，児童の実態を基に活動を設定し，活動量や試技の回数を確保できるよう，活動内容や活動場所を工夫する。
おわり	子どもの学習に対する取り組みの態度や関心，意欲について評価する。ここでは，次時の学習へ向けての課題と意欲化が図られなければならない。

(2) 本時の展開を書く際の留意点

① 「学習活動」…課題を解決するための主な学習活動を設定する。学習活動を細分化すると十分に活動に取り組むことが困難となる。課題解決へ向けた主体性及び思考判断による技能の習熟が図れるよう，主な活動を設定していく必要がある。

② 「子どもの意識」…抽出児（抽出児のチーム）の課題を明確にした上で，抽出児が教師の支援や子ども同士の関わりの中で，どのように課題解決をしていくかを想定して詳しく記述する。

③ 「指導上の留意点」…教師が行う支援の内容を中心に書くようにする。その際，支援の内容は目的と手立てを明確にする。

指導上の留意点の書き方例

「…する際，…（目的）…できるように，…（手立て）…する。」

「…している子どもには，…できるように，…（手立て）…する。」

(3) 授業実施上の留意点

実際に授業を行う上で，指導案には記述できない留意点が数多く存在する。以下は，体育の授業を成立させる上で必要不可欠なことである。

① 運動学習時間の確保

体育の授業では，運動量や活動量を確保する必要がある。そのためには，教師の指示や説明等は，機会をなるべく絞り，短く端的に行うことが大切である。表や図等の掲示資料を効果的に使い，運動量や活動量を確保する必要がある。

② 教師の肯定的で矯正的な言葉がけ

子どもたちの学習行動をしっかりと観察し，肯定的で矯正的な言葉がけが大切である。特に，つまずいている子どもに対しては，賞賛や効果的な助言による言葉がけが必要である。

10 道徳

(1) 道徳教育の目標

> 人間尊重の精神と生命に対する畏敬の念を家庭，学校，その他社会における具体的な生活の中に生かし，豊かな心をもち，伝統と文化を尊重し，それらをはぐくんできた我が国と郷土を愛し，個性豊かな文化の創造を図るとともに，公共の精神を尊び，民主的な社会及び国家の発展に努め，他国を尊重し，国際社会の平和と発展や環境の保全に貢献し未来を拓く主体性のある日本人を育成するため，その基盤としての道徳性を養う。

この目標は，道徳教育が人格の基盤をなす道徳性を養うことをねらっていることを示している。ここでいう道徳性とは，人間としての本来的な在り方やよりよい生き方を目指してなされる道徳的行為を可能にする人格的特性であり，これが人格の基盤となる。

学校における道徳教育においては，各教育活動の特質に応じて，特に道徳性を構成する諸様相である「道徳的心情」「道徳的判断力」「道徳的実践意欲と態度」等を養うことが求められている。

(2) 道徳教育の内容

学習指導要領に示された内容は，児童の道徳性を次の4つの視点から捉え，道徳教育の目標を達成するために指導すべき内容項目として示されている。これは，教師と児童とが人間としてのよりよい生き方を求め，共に考え，共に語り合い，その実行に努めるための共通の課題ともいえる。

> 1 主として自分自身に関すること。
> 2 主として他の人とのかかわりに関すること。
> 3 主として自然や崇高なものとのかかわりに関すること。
> 4 主として集団や社会とのかかわりに関すること。

指導にあたっては，子どもの実態を基に各内容項目を把握し，課題を子どもの側から具体的に捉え，子ども自身が道徳的価値の自覚を深め，発展させていけるようにすることが大切である。

また内容項目の構成としては，子どもの発達的特質に応じて最も適時性のある内容項目を学年段階ごとに精選する必要がある。よって，低学年から継続的，発展的に取り上げられたり，新たに加えられたり，統合・分化されたりしながら，2学年ごとのまとまりで示されている。

(3) 道徳教育と「道徳の時間」

道徳教育は，全教育活動を通して行うものである。各教科，特別活動，及び総合的な学習の時間の全ての場面や機会の中で，それぞれの特質に応じて適切な指導を行う。

その中で，道徳の時間は，道徳の時間以外における道徳教育と密接な関係を図りながら，計画的・発展的な指導によって，それらを補充・深化・統合し，道徳的価値の自覚及び自己の生き方への自覚を深め，道徳的実践力を育成する時間である。ここでいう道徳的価値とは，人間らしいよさ（例えば，思いやりの心や正直な心）であり，道徳的価値の自覚が深まることで，道徳的実践を行おうとする意欲のもととなる道徳的実践力が育まれていくのである。

道徳教育の指導にあたっては，学校における道徳教育の全体計画を立案し，それに沿って意図的・計画的になされることが必要である。道徳の時間は，全体計画にしたがって年間指導計画を立て，これに基づいて，学級の実態を踏まえながら指導を行っていく。

(4)「道徳の時間」の指導の過程

①「道徳の時間」の主題構想

「道徳の時間」の主題構想は，次のようなものである。

事　前	本時で学習する道徳的価値に関わる意識を高める。
本　時	主題に関わる道徳的価値に対する感じ方や考え方を深める。
事　後	本時で学習した道徳的価値に関わる実践への意欲をもって生活する。

②「道徳の時間」の基本的な過程

「道徳の時間」の本時の授業を進めていく過程は，次のようなものである。

つ か む	本時で解決していく課題をつかむ。
追究する	主題に関わる道徳的価値に対する感じ方や考え方を集団で話し合い，追究する。
振り返る	学習を振り返り，大切だと思ったことやこれからしていきたいことをまとめる。

(5)「道徳の時間」の指導の特色

①「ねらい」に関わる一人一人の子どもの実態把握

子どもたちの，ねらいとする道徳的価値に対する感じ方や考え方，これまでの体験を把握することが大切である。方法は日常生活における教師の観察，道徳性検査の利用，質問紙による調査等があげられる。実態を把握することで学級全体の傾向が見え，具体的なねらいを立てることができる。

②ねらいとする道徳的価値への方向付け

道徳の時間では，子どもが意欲的に考え，主体的に話し合うことが大切である。子どもが道徳的価値を自分事として把握し，課題解決の意欲を高められるよう導入を工夫したい。具体的な方法としては，子どもの作文や日記の紹介や写真の提示から，ねらいとする道徳的価値への方向付けを行ったり，子どもの感想や疑問から課題を設定したりしていくことが考えられる。

③資料の扱い方

道徳の時間における資料は，子どもが人間としてのあり方や生き方等についての考えを深め，学び合う共通の素材として重要な役割をもっている。したがって，ねらいとする道徳的価値と子どもの実態に即した資料を選定するとともに，活用の仕方を工夫していく必要がある。活用の工夫としては，絵や紙芝居等にして提示したり，実物や写真，映像，効果音等を併用したりすることが考えられる。低学年では，パネルシアターや人形，ペープサート等を使うことも効果的である。

④話合い

話合いは，道徳の時間の中心となる学習活動である。それぞれの子どもの道徳的価値に対する感じ方や考え方を表出し，話し合うことで，新たな道徳的価値に対する感じ方や考え方に気付いたり，自らの道徳的価値に対する感じ方や考え方を深めていくことができる。留意する点は，次のようなものがある。

○意見を出し合う，まとめる，比較する，決める等の目的に応じて効果的に話合いが行われるように工夫する。また，座席の配置を工夫したり，討議形式で進めたり，グループやペアによる話合いを取り入れたりする等の工夫も行えるとよい。
○教師の発問を工夫し，話合いを深める。「予想される子どもの意見」を多面的に捉え，一人一人の感じ方や考え方が引き出される発問を準備しておくようにする。

⑤表現活動

子どもたちが道徳的価値に対する理解を深められるように，自らの感じ方・考え方を記述できるような表現カードを準備する。また，動きやせりふを真似する動作化や即興的に演じる役割演技を取り入れることもある。これらの活動を取り入れる際には，目的を明確にしておくことが大切である。

(6) 学習指導案例

道徳学習指導案

平成○○年○月○○日（○）　第○校時　（○の○教室）○年○組　指導者　○○　○○

Ⅰ　主　　題　　　礼儀の意味

Ⅱ　考　　察

1　主題観

⑴　学習指導要領上の位置付け

> 2　主として他の人とのかかわりにすること
> 2―(1)　礼儀の大切さを知り，誰に対しても真心をもって接する。

⑵　培われる主な資質・能力

・相手の気持ちを考えて心を込めて接することのよさに気付く力
・相手の気持ちを考えて心を込めて接しようと判断する力
・相手の気持ちを考えて心を込めて接していこうとする態度

⑶　主題及び資料の価値

　本主題は，中学年の2―(1)「礼儀」の内容項目のうち，相手の気持ちを考えて心を込めて接することのよさについて考える学習である。その価値は，以下のとおりである。

> 　相手の気持ちを考えて心を込めて接することは大切である。なぜなら，相手の気持ちを考えて心を込めて接することで，相手とのきずなが生まれてよりよい関係を築くことができるからである。子どもたちの多くは礼儀正しく行動することの大切さには気付いているが，相手の立場を自分と置き換えて相手の気持ちを考えることができなかったり，形だけで心を込めた言動まで至らなかったりすることもある。このような子どもたちが，相手の気持ちを考えて心を込めて接することのよさについて考えることで，相手の気持ちを考えて心を込めて接していこうという思いを高めることができる。

　そこで，読み物資料「生きたれいぎ」（光文書院）を使用する。この資料の価値は，以下のとおりである。

> 　ある国の宴会で，フィンガーボール（手をすすぐために使う器）の使い方を間違えて，中の水を飲んでしまったお客様がいた。それを見ていたその国の女王様が，自分もその水を飲むというお客様と同じ行為をとることで，相手への配慮を示した，という内容である。
> 　子どもたちは，マナーよりも相手への心遣いを重んじた主人公の姿から，礼儀本来の意味について考え，相手の気持ちを考えて心を込めて接することのよさに気付くことができる。

⑷　今後の学習

　ここでの学習は，5年「時と場を考えて」での，時と場によって礼儀作法を使い分けることのよさを考える学習へと発展していく。

(7) 道徳学習指導案作成上の留意点

Ⅰ 主　題
　指導資料から主題名を記述する。主題は，ねらいと資料から設定される。主題名は，その内容を端的に表したものである。

Ⅱ 考　察

1　主題観
　学習指導要領上の位置付けや培われる資質・能力，子どもの実態から見た時の本主題で扱う道徳的価値を記述する。

(1) 学習内容：学習指導要領上の位置付け
　この主題が学習指導要領上のどの価値項目に基づいて設定されたものかを明らかにする。年間指導計画及び小学校学習指導要領解説・道徳編より，内容項目を記述する。指導者は，学習指導要領解説の該当部分を読み，理解しておく。

(2) 培われる主な資質・能力
　道徳性を構成する諸様相である「道徳的心情」「道徳的判断」「道徳的実践意欲と態度」の3観点から，本時のねらいに基づいた内容に絞って，子どもたちに培われる資質・能力を端的に示す。

```
── 培われる主な資質・能力の記述例 ──
道 徳 的 心 情　　　…　○○することのよさ（または大切さ）に気付く力
道 徳 的 判 断 力　　…　○○しようと判断する力
道徳的実践意欲と態度　…　○○していこうとする態度
```

(3) 主題及び資料の価値
　前半は，本主題で扱う道徳的価値についての教師の分析と，子どもの実態を記述する。本主題で扱う内容項目が子どもにとってどのような価値（よさや大切さ）があるかを明確にもっている必要がある。
　後半は，使用する資料について，内容の概要と子どもたちにとっての価値を記述する。授業で使用する資料については，授業に臨む前に何度も読み返し，指導者としての道徳的価値に対する感じ方や考え方をもっていることが大切である。そうすることで，子どもたちの感じ方や考え方を共感的に受け止めたり，意味付けをしたりできるようになる。

(4) 今後の学習
　年間指導計画を参照し，本主題で扱う価値項目が，どのようにつながり発展していくのかを記述する。

2　児童の実態及び指導方針
　この主題を学習する子どもたちが身に付けている資質・能力と，本主題を通して身に付けて欲しい資質・能力に基づき，実態に応じて教師が設定する活動や提示する資料等の間接的な手立てを記述する。

　「子どもたちはこれまでに，」～
　　子どもたちが，本主題を学習するまでに，どのような学習を行ってきたかを記述する。関わりの深い内容項目の主題を具体的にあげ，どのような学習活動であるかを端的に記述する。

　「この学習や日常生活の中で明らかになった，」～
　　学習経験から子どもが身に付けてきている資質・能力と，それを身に付けるための教師の間接的な手立てを記述する。その際，道徳性の諸様相である「道徳的心情」「道徳的判断力」「道徳的実践意欲と態度」を観点とし，それぞれの観点から記述する。

第5章　各教科等の特色と指導案の書き方

2　児童の実態及び指導方針

子どもたちはこれまでに，4年「心をこめたあいさつ」において，相手の気持ちを考えた挨拶をすることのよさについて考えてきた。

この学習や日常生活の中で明らかになった，子どもたちの実態及び本主題を進めるにあたっての指導方針は，次のとおりである。

- 相手の気持ちを考えて挨拶をすることで，仲よくなれるきっかけがつくれることに気付いている。このような子どもたちが，相手の気持ちを考えて心を込めて接することのよさに気付くことができるよう，主人公が水を飲んだ理由を考え，主人公の行為のよさについて話し合う活動を設定する。
- 相手とより仲よくなれるように挨拶をしようと判断できるようになってきている。このような子どもたちが，相手の気持ちを考えて心を込めて接しようと判断することができるよう，話合い活動の中で，お客様の立場から主人公の行為のよさについて考える場を設定する。
- いつでも心を込めて挨拶をしていこうとする態度が身に付いてきている。このような子どもたちが，相手の気持ちを考えて心を込めて接していこうとする態度を身に付けられるよう，自分や周りの人たちが主人公のように行動したら，どのような生活が送れるかを考え，発表し合う場を設定する。

Ⅲ　指導計画（全1時間）

4年－No.23　礼儀の意味　　　中学年　2－(1)　　　礼儀④　　11月（1時間）	
ねらい	相手の気持ちを考えて心を込めて接することで，自分も周りの人たちも気持ちよく過ごせることに気付き，相手の気持ちを考えて心を込めて接していこうとする心構えをもつ。
資　料	生きたれいぎ（光文書院）
事　前	○生活の中で，相手の気持ちを考えて心を込めて接することの大切さを話しておく。
本　時	○礼儀正しい人はどのような人かを発表し合い，資料から，課題「なぜ，女王様はフィンガーボールの水を飲んだのだろう」を考える。 ○フィンガーボールの水を飲んだ主人公の気持ちに目を向けて，相手の気持ちを考えて心を込めて接することのよさについて話し合う。 ○本時の学習を振り返り，大切だと思ったことやこれからしていきたいことを表現カードに記述し，発表し合う。
事　後	○朝の会や帰りの会で，相手の気持ちを考えて，心を込めて友達と接している子どもを紹介し，賞賛する。
【備考】 ・関連－くすの木「特別支援学校の友だちと交流しよう」	

┌─ 児童の実態・指導方針を記述する上での考え方 ─────────────────────
「～できるようになってきている（気付いてきている）。
　（子どもたちがいままで身に付けてきた資質・能力）
　　　　　　　　　　　このような子どもたちが～できるよう，～を設定する。」
　　　　　　　　　　　　（身に付けてほしい資質・能力）　　（手立て）

(1) 道 徳 的 心 情　…　いままでのどのような学習や日常生活での様子から，主題に関わる道徳的価値に気付いてきているのかを記述する。さらにその心情を深めるために，教師がどのような活動を設定するのかを記述する。

(2) 道 徳 的 判 断 力　…　いままでのどのような学習や日常生活での様子から，主題に関わる道徳的な判断ができるようになってきているのかを記述する。さらにその判断力を高めるために，教師がどのような活動を設定するのかを記述する。

(3) 道 徳 的 実 践 意 欲 と 態 度　…　いままでのどのような学習や日常生活での様子から，主題に関わる道徳的実践を行おうとする態度が身に付いてきているのかを記述する。さらにその態度を培うために，教師がどのような活動を設定するのかを記述する。

Ⅲ　指導計画

　年間指導計画を参考に，学習計画を記述する。学習計画は，授業構想の基になるものである。指導者は事前指導，事後指導を含めて学習をどのように進めるのかをあらかじめ考えた上で本時を練り上げる必要があることから，この学習計画を十分に理解しておかなくてはならない。

　ねらいは，事前事後指導を含め，その主題でどのような道徳性を養うのかを端的に記述する。ここでは，学習指導要領に示されている内容項目から，子どもの実態と資料とを結び付けることにより，具体化された子どもの姿から設定されている。

　事前・事後については，子どもたちの実態を捉えた上で，日常生活と道徳の時間とを結び付けられるよう考慮する必要がある。よって指導計画では，教師の子どもへの発問や指示，提示等の直接的な手立てを記述する。（主語は教師。）

　道徳の授業における課題は，ねらいとする道徳的価値に迫るために学級全体で考える問いである。本時の課題によって，子どもたちから多様な意見が出て思考が深まるものとなるよう，課題をよく練り上げる必要がある。道徳は，登場人物の道徳的行為から，その基となる道徳的心情を考えることが活動の中心となるため，「～（主人公等の登場人物）が～（その人物の道徳的行為）したのはなぜだろう」等の理由を考える内容や，「～（主人公等の登場人物）はどんな気持ちだろう」等の登場人物の気持ちを考える内容，「この中で最も～（「親切」「正直」などの道徳的な心）なのはだれだろう」等の対比する内容が考えられる。

　備考欄には，関連する行事や他教科等の学習内容を記述する。道徳の時間は全教育活動で行われる道徳教育の要であることから，これらの行事や他教科，他領域との関連を十分に図り，そこでの体験を生かしていくことで初めて，道徳の時間に学習したことが生きてくる。道徳教育全体計画や別葉等で本時で学習した内容との関連を確認できるとよい。また，「わたしたちの道徳」のページ数が記述されている場合には，積極的に活用していけるとよい。

第5章　各教科等の特色と指導案の書き方

Ⅳ　本時の学習

1　ねらい　主人公が水を飲んだ理由を話し合うことを通して，相手の気持ちを考えて心を込めて接することで，自分も周りの人たちも気持ちよく過ごせることに気付き，相手の気持ちを考えて心を込めて接していこうとする心構えをもつ。

2　準　備　読み物資料　場面絵　表現カード

3　展　開

学習活動と子どもの意識	指導上の留意点
1　礼儀正しい人はどのような人かを発表し合い，資料から，課題「なぜ，女王様はフィンガーボールの水を飲んだのだろう」をつかむ。 ・マナーをきちんと守れる人だと思うよ。 ・女王様はマナーを守っていないけれど，礼儀正しく見えるな。	○価値への方向付けを行えるように，礼儀正しい人はどのような人か問いかける。 ○自分が考えた礼儀正しい人と主人公との違いに気付けるように，資料「生きたれいぎ」を範読し，主人公は礼儀正しいと思うか問いかける。
2　課題に対する感じ方や考え方を発表し合い，相手の気持ちを考えて心を込めて接することのよさについて話し合う。 ・女王様はお客様に恥をかかせたくなかったから，わざとマナーを守らないで水を飲んだのだと思うよ。 ・女王様はマナーを守ることを大切にしていたのではなく，お客様の気持ちを大切にしていたから水を飲んだのではないかな。 ・礼儀正しい人は，ただマナーを守るだけの人ではなく，相手の立場や考えを第一に考えて行動できる人なのだな。 ・相手の気持ちを考えて心を込めて接することで，自分も周りの人たちも気持ちよく過ごせるだろうな。	○一人一人が課題に対する感じ方や考え方を明確にもち，友達の感じ方や考え方と比較できるように，課題に対する感じ方や考え方を表現カードに記述し，発表するよう促す。 ○主人公が大切にしたかったお客様に対する真心に気付けるように，水を飲んだ時と飲まなかった時のお客様の気持ちの違いを考えるよう促し，対比して板書する。 ○礼儀本来の意味を考えられるように，相手のことを考えずにマナーだけを守る人と，相手のことを考えてマナーを守らない行動もする人を対比して，礼儀正しい人はどのような人か問いかける。 ○相手の気持ちを考えて心を込めて接することのよさを自分事として捉えることができるように，相手の気持ちを考えて心を込めて接すると，どのような生活が送れるかを問いかける。
3　本時の学習を振り返り，大切だと思ったことやこれからしていきたいことを表現カードに記述し，発表し合う。 ・相手の気持ちを考えて心を込めて接することで，自分も周りの人たちも気持ちよく過ごせるから，相手の気持ちを考えて心を込めて接するようにしていきたいな。	○価値の内面化が図れるように，大切だと思ったことやこれからしていきたいことを表現カードに記述し，発表するよう促す。 ┌─ 評価項目 ─┐ 相手の気持ちを考えて心を込めて接することで，自分も周りの人たちも気持ちよく過ごせることを，発表したり表現カードに記述したりしている。＜発言・表現カード（道徳的心情）＞

Ⅳ　本時の学習
1　ねらい
　本時において，中心となる学習活動とおさえたい道徳的価値を簡潔に記述する。学習者である子どもが主語で書かれる。指導案例では，本時に行う中心的な学習活動が「主人公が水を飲んだ理由を話し合うことを通して」であり，「相手の気持ちを考えて心を込めて接することで，自分の周りの人たちとよりよい関係を築けることに気付き，」がおさえたい道徳的価値，つまり2の学習活動を終えた後の子どもたちの姿である。また，「相手の気持ちを考えて心を込めて相手と接していこうとする心構えをもつ。」は道徳的実践意欲と態度を示しているため，3の学習活動を終えた後の子どもたちの姿である。

2　準備
　本時で使う教材や教具を記述する。教師と子どもの双方の立場で具体的に書かれるのが望ましい。

3　展開
　本時の授業場面について，授業の流れに沿って具体的に記述する。以下「（課題を）つかむ」「（課題を）追究する」「振り返る」を学習指導の基本的な過程として，それぞれの過程の考え方や留意事項，実際の展開の書き方と留意点について述べる。

(1) 学習指導の過程について

過程	指導の考え方
つかむ	○ねらいとする道徳的価値に対する方向付けを行い，資料から課題をつかめるようにする。子どもたちが問題意識をもって課題をつかめるように，写真や実態調査アンケート結果等を使って工夫してもよい。
追究する	○課題を追究する際に投入される主な手立てとして，発問，板書等がある。特に発問は，授業を進めていく上で最も大切な手立てである。比較を促す発問，揺さぶりの発問，自分の経験を想起させる発問等，多様に準備する必要がある。
振り返る	○「追究する」過程で子どもたちが気付いたことを基に，大切だと思ったことやこれからしていきたいことをまとめる。記述された内容の中で，大切だと思ったことは道徳的心情や道徳的判断力，これからしていきたいことは道徳的実践意欲と態度の評価にあたる。

(2) 本時の展開を書く際の留意点
①「学習活動」…一人一人の子どもが考えを深められるように，学習活動を入れすぎないようにする。
②「子どもの意識」…「学習活動」の流れに沿った子どもの意識の変容を記述する。「つかむ」過程での子どもの意識がどのように深まるのか，「振り返る」過程でどのような意識をもてばよいのかを子どもの言葉で捉え，記述する。
③「指導上の留意点」…各学習活動について，目的は何か，そのためにどのような手立てを講じるのかを記述する。また，子どもの達成状況をどの場面でどのように評価するのかを記述する。

(3) 指導上の留意点の書き方例

目的（引き出したい子どもの意識や思考，子どもに身に付けさせたいこと）	主な手立て（教師がすること）や留意点
価値への方向付けを行えるように	～を問いかける。
一人一人が自分の意見を明確にもてるように	～を表現カードに記述するよう促す。
～に気付けるように	～と～を対比して板書する。
～に気付けるように	～を問いかける。
価値の内面化が図れるように	～を記述し，発表するよう促す。

第5章 各教科等の特色と指導案の書き方

11　外国語活動

(1) 外国語活動の目標

> 外国語を通じて，言語や文化について体験的に理解を深め，積極的にコミュニケーションを図ろうとする態度の育成を図り，外国語の音声や基本的な表現に慣れ親しませながら，コミュニケーション能力の素地を養う。

　小学校における外国語活動は，外国語のスキルの習得をねらったものではなく，外国語を用いたコミュニケーションを体験したり，外国の言語や文化にふれたりすることを通して，積極的にコミュニケーションを図ろうとする態度を育成するとともに，日本と外国の言語や文化についての理解を深め，国際感覚の基盤を培うことをねらっている。小学校学習指導要領では，外国語活動は，第5学年・第6学年に位置付けられているが，各学年の目標は示されていない。したがって，各学校において，児童や地域の実態に応じて，学年ごとの目標を定め，2学年間を通して外国語活動の目標の実現を図るようにしなければならない。

(2) 外国語活動の内容

　小学校学習指導要領では，外国語活動の内容を以下のように定めている。
①**外国語を用いて積極的にコミュニケーションを図ることができるよう，次の事項について指導する。**
　ア　外国語を用いてコミュニケーションを図る楽しさを体験すること
　イ　積極的に外国語を聞いたり，話したりすること
　ウ　言語を用いてコミュニケーションを図ることの大切さを知ること
②**日本と外国の言語や文化について，体験的に理解を深めることができるよう，次の事項について指導する。**
　ア　外国語の音声やリズムなどに慣れ親しむとともに，日本語との違いを知り，言葉のおもしろさや豊かさに気付くこと
　イ　日本と外国との生活，習慣，行事等の違いを知り，多様なものの見方や考え方があることに気付くこと
　ウ　異なる文化をもつ人々との交流等を体験し，文化等に対する理解を深めること
　また，小学校学習指導要領では，外国語活動においては，英語を取り扱うことを原則としている。これは，英語が世界で広くコミュニケーションの手段として用いられている実態や，中学校における外国語科は英語を履修することが原則とされていること等を踏まえたものである。
　附属小学校では，外国語活動を「英語活動」とし，第5学年を「基本的な英語コミュニケーション能力を養う段階」，第6学年を「国際感覚とコミュニケーション能力を高める段階」として捉え，英語活動の到達目標を以下のように設定している。

― 第5学年 ―
・日常生活や学校生活における，簡単な表現を学び，自分の気持ちを表現できるようにするとともに，相手とのインタラクションを楽しみ，友達と関わろうとする態度を養う。

┌─ 第6学年 ─────────────────────────────────────
│・国際理解に関わる活動を通して，日本や外国の文化に対する興味を高める。
│・友達との関わりを大切にしながら，コミュニケーションを円滑に図ろうとする態度を養う。
└──

(3) 外国語活動の指導の課程

外国語活動の単元の学習を進めていく課程は，次のようなものである。

つかむ	この単元ではどのような活動をしていくのか，そのためには何ができるようになればよいのかという学習課題をつかむ。
ふかめる	繰り返し活動に取り組みながら，表現に慣れ親しむ。
まとめる・生かす	学習の成果を生かして，コミュニケーション活動に取り組む。

(4) 外国語活動の特色

①コミュニケーション活動

　ア　友達との関わりを大切にした体験的なコミュニケーション活動

　　子どもたちが，楽しみながら英語に慣れ親しめるようにするため，子どもたちの「したい」「話したい」「伝えたい」という思いを大切にしつつ，子どもたちにとって過度の負担にならないような表現を扱った，身近なコミュニケーションの場面を設定する。具体的な場面の例としては，挨拶，自己紹介，買い物，食事，道案内，家庭での一日の生活，学校での学習や活動，遊び，地域の行事等がある。

　イ　国際理解に関わる交流等を含んだ体験的なコミュニケーション活動

　　地域に住む外国の方や留学生を招いたり，外国の学校とビデオレター等のやりとりをしたりしながら，実際に交流する活動を取り入れ，子どもたちが目的意識を明確にもって活動に取り組めるようにする。その際，外国の文化について調べたり，日本の文化との共通点や相違点について明らかにしたりしながら，外国の文化と我が国の文化の両方についての理解を深められるようにする。文化の内容の例としては，日常生活や学校生活等，子どもたちにとって身近なものを取り上げるようにする。

②教材・教具の活用

　ア　カードや実物…教師が提示したり，子どもたちが活動の際に使用したりすることで，相手が伝えようとしていることの理解の手助けとなるようにする。教師が作成するだけでなく，子どもたちが自分の使用する物を作成してもよい。

　イ　学習プリント…聞く活動の際は，イラストを選んだり印を付けたりすることができる学習プリントを活用できるようにすることで，集中しながら活動に取り組むことができる。

　ウ　歌・チャンツ…何度も聴いたり歌ったりできるようにすることで，雰囲気づくりだけでなく，英語表現やリズムに慣れ親しむことができる。

③クラスルーム・イングリッシュの活用

　　子どもたちの学習環境において，英語のインプットの量を増やすためには，教師の授業で使うクラスルーム・イングリッシュが大切となってくる。教師やＡＬＴが，子どもたちが理解できる表現を繰り返し用いることで，子どもたちはたくさんの英語にふれることができる。また，日本人教師が積極的に英語を用いること自体が，学習者としての子どもたちのモデルとなる。その際，子どもたちの実態を考慮し，複雑になりすぎたり，一度に多量の表現を用いたりしないようにする。また，ジェスチャーや表情等と組み合わせることでより理解の助けとなる。クラスルーム・イングリッシュとしては，例示，指示，説明，問いかけ，賞賛等があげられる。

(5) 学習指導案例

英語活動学習指導案

平成○○年○月○日（○）　第○校時　（○の○教室）○年○組　指導者　○○　○○
　　　　　　　　　　　　　　　　　　　　　　　　　　　　　　　　　○○　○○

Ⅰ　単　　元　　　遊びに誘おう！
Ⅱ　考　　察
1　教材観
(1)　培われる主な資質・能力
・コミュニケーションに関心をもち，積極的にコミュニケーションを図ろうとする態度
・外国語の音声や基本的な表現への慣れ親しみ
・言葉のおもしろさや豊かさ，多様なものの見方や考え方があることへの気付き

(2)　単元の価値
　本単元は，友達の都合を聞きながら，遊びの約束をする活動である。その価値は，以下のとおりである。

> 　友達と遊びの約束をするということは，普段の生活においてよくあるため，状況をイメージしやすい。また，遊びの約束をするために，友達に自分の都合や遊びたいことを正確に伝えたり，友達の都合や思いをよく聞こうとしたりする必要感が生まれる。そして，約束した内容が正確に伝わったり，分かったりしたときの楽しさを味わうことができる。
> 　ここで扱う"Let's ～ ."は，組み合わせる表現を変えることで，その場の状況や目的に応じて，相手を誘うことができる。また，"How about ～ ?"は，相手の都合や思いを意識した提案をすることができる。
> 　このようなことから，子どもたちが外国語を用いて遊びの約束をすることは，互いの考えを大切にしながら，遊びに誘ったり誘いに答えたりする楽しさを感じる上で価値あることと考える。

(3)　今後の学習
　ここでの学習は，6年「一緒に出かけよう！」で，行きたい場所とその理由を伝え合い，友達と相談しながら，行く場所を決める学習へと発展していく。

2　児童の実態及び指導方針
　子どもたちはこれまでに，5年「英語で買い物できるかな」において，客と店員の役になり，自分の欲しい服の色や柄を伝え，店員役の友達にすすめられた服の中から気に入った物を選んで自分の服をコーディネートしていく活動に取り組んできた。この学習の中で明らかとなった，子どもたちの実態及び本単元を進めるにあたっての指導方針は，次のとおりである。

・自分が欲しい服を店員役の友達に積極的に伝えたり，数ある服の中から友達の要望に合った服をすすめたりしている。このような子どもたちが，友達に都合を聞き，遊びの約束をしたいという思いをもてるよう，普段休み時間によくしている遊びを事前のアンケートから把握し，子どもたちにとって身近な遊びを提示する。また，日常の生活に関連して捉えられるよう，予定を管理するためのスケジュール表を用意する。
・欲しい服を伝えるための表現や友達の要望に合った服をすすめる英語での表現に慣れ親しんで来て

(6) 英語科学習指導案作成上の留意点

Ⅰ 単　　元　→　単元名を記述する。

Ⅱ 考　　察

　この単元の学習を行うにあたって，どのような指導事項に基づいて指導を行うのか，この単元で行う活動や表現，教材にはどのような価値があるのか，そして子どもの実態に対して教師がどのような指導上の配慮を行うのかを記述する。

1　教材観
(1) 培われる主な資質・能力

　ここでは，外国語活動の目標に設定されている3つの柱に基づいて，「コミュニケーションへの関心・意欲・態度」「外国語への慣れ親しみ」「言語や文化に関する気付き」の3つの観点から，本単元で子どもたちに培われる資質・能力を示す。

──　培われる主な資質・能力の記述例　──
- コミュニケーションに関心をもち，積極的にコミュニケーションを図ろうとする態度
- 外国語の音声や基本的な表現への慣れ親しみ
- 言葉の面白さや豊かさ，多様なものの見方や考え方があることへの気付き

(2) 単元の価値

　培われる資質・能力を子どもたちが身に付けていく上で，本単元で設定する活動にはどのような価値があるのか，また，本単元で扱う表現にはどのような価値があるのかについて，授業者の捉えを記述する。ここに授業者の指導意図や教材理解が強く表れるため，教材研究を十分に行った上で記述することが望ましい。

──　単元の価値の記述例　──
- コミュニケーション活動（場面）と日常生活や学校生活との関連から考察する。
- コミュニケーション活動（内容）と英語を用いる必要感やそこで感じられる楽しさとの関連から考察する。
- 表現の特徴について考察する。

(3) 今後の学習

　この単元の学習をする子どもたちが，次の単元でどのような学習を行うのかを明記する。活動や表現の系統性を考え，次学期や次学年の単元を1つ取り上げてもよい。

2　児童の実態及び指導方針

　この単元を学習する子どもたちが，どのような実態にあるかを明らかにするとともに，実態に応じて教師が行う間接的な手立てを記述する。

「子どもたちはこれまでに，」〜

　子どもたちが，本単元を学習するまでに，どのような学習を行ってきたかを記述する。内容的に関わりのある単元を具体的にあげ，どのような学習活動であるかを端的に記述する。

「この学習の中で明らかとなった」〜

　学習経験から子どもたちが身に付けてきている資質・能力と，それをさらに培うための教師の間接的な手立てを記述する。その際，「コミュニケーションへの関心・意欲・態度」「外国語への慣れ親しみ」「言語や文化に関する気付き」の観点ごとに記述する。

いる。このような子どもたちが，"Let's～."という友達を遊びに誘うための表現に慣れ親しめるよう，相手を変えながら，友達を遊びに誘う活動を繰り返し設定する。
- 買い物をする際には，日本語と同じように，英語特有の表現があることに気付いている。このような子どもたちが，"Let's～."という英語特有の表現に気付けるよう，友達を遊びに誘う活動を設定したり，ＡＬＴと活動のデモンストレーションを行ったりする。また，友達を誘ったり，曜日や遊びについて提案したりして自分の思いが伝わった楽しさを味わえるよう，約束ができたことを確認する場を設定する。

Ⅲ　目標及び評価規準

1　目　標

友達やＡＬＴを遊びに誘ったり，相手の誘いに答えたりすることを通して，英語で友達と約束をすることの楽しさを味わう。

2　評価規準

(1) 友達やＡＬＴの都合を聞きながら，自分や相手の都合のよい日に遊びに誘おうとしている。
(2) 曜日や遊び，友達を遊びに誘う際の英語での表現を用いている。
(3) 約束をする際には，英語特有の表現があることに気付いている。

Ⅳ　指導計画（全4時間）

過程	学　習　活　動	時間
つかむ	○ペアで，相手を遊びに誘う「今日遊ぼうよ！」をして，学習のめあてをつかむ。	1
ふかめる	○グループごとに，1週間の中で一緒に遊ぶ日を聞いて予定をつくる「遊びに行こう！」をする。	1
	○グループごとに，1週間の中で一緒に遊ぶ内容を決める「何をして遊ぶ？」をする。	1
まとめる・生かす	○1週間の中で，一緒に遊ぶ日と内容を約束して予定をつくる「一緒に遊ぼう！」をする。**(本時)**	1

11 外国語活動

児童の実態・指導方針の記述例

「~をしてきている。このような子どもたちが~できるよう，~を設定する。」
　（児童の実態）　　　　　　　　　　　（培われる資質・能力）（教師の手立て）

・コミュニケーションへの関心・意欲・態度に関わる実態

　子どもたちが，どのような活動に興味・関心をもっているのか，どのような態度で活動に取り組んできているのかを記述する。さらにその態度を培うために教師が単元内でどのような活動や教材を設定するのかを記述する。

・外国語への慣れ親しみに関わる実態

　子どもたちが，どのような表現を用いて活動に取り組んできているのかを記述する。さらに本単元で扱う表現に慣れ親しめるようにするために教師がどのように活動や教材を設定するのかを記述する。

・言語や文化に関する気付きに関わる実態

　子どもたちが，言語や文化に関してどのようなことに気付いているのかを記述する。さらに本単元でどのような言語や文化に関して気付いて欲しいのか，そのために教師がどのような活動や教材を設定するのかを記述する。

Ⅲ　目標及び評価規準
1　目　標
2　評価規準

目標，評価規準，学習計画は，年間指導計画及び指導資料を基に記述する。評価規準は，「コミュニケーションへの関心・意欲・態度」「外国語への慣れ親しみ」「言語や文化に関する気付き」の3つの観点から記述する。目標はこの3つを包括したものを記述する。

Ⅳ　指導計画

年間指導計画及び指導資料に合わせて，学習計画を記述する。本時の位置付けを（**本時**）と明示する。ここでは，指導の手順及びそれに要する時間が書かれる。単元の特徴や子どもの実態を考えた上で，単元のゴールに向かってどのような活動を設定していくのかを記述する。

＜マイクを使って友だちにインタビューしている様子＞

＜ALTと関わっている様子＞

第5章 各教科等の特色と指導案の書き方

V 本時の学習

1　ねらい　友達やALTを遊びに誘ったり，友達やALTの誘いに答えたりする活動を通して，英語を用いて会話をすることを楽しむ。

2　準　備　スケジュール表　遊びカード　曜日カード

3　展　開

学習活動と子どもの意識	指導上の留意点
1　本時のめあてをつかむ。 ・友達を遊びに誘うときには，"Let's 〜."だったな。 ・友達の予定はどうなっているのか気になるな。 ・サッカーをして遊ぶ約束がしたいな。 2　「一緒に遊ぼう！」をする。 ・まずは，遊びに誘う役になるんだな。遊ぶ約束ができるといいな。 ・"Are you free on Friday?"と都合を聞いたら，"Yes."といわれたよ。金曜日なら遊べそうだな。 ・"Let's play soccer."と誘ったけど，"No."といわれたよ。違う遊びでもう一度誘ってみよう。 ・"Let's play baseball."と聞いたら"Yes."といってくれたよ。 ・他の誘い方や断り方は何と言えばいいんだろう。 ・断るときには，"I'm sorry."の方がいいやすいな。 ・ジェスチャーも付けて誘ったら，友達も笑顔で"Yes."と答えてくれたよ。 ・遊びカードも曜日カードも見せ合ったら，同じだったのでしっかりと約束できていたな。 ・カードが同じで一緒に"Let's go!"といえた時は，気持ちがいいな。	○前時までの単語や表現の仕方を想起できるよう，数名の子どもたちに遊びの約束をする様子を演じる場を設定する。 ○本時の活動内容が理解できるよう，ALTとデモンストレーションを行ったり，基本の表現を確認したりする。 ○遊びに誘う活動に意欲的に取り組むことができるよう，遊びに誘う役と誘われる役に分け，遊ぶ約束をしながらスケジュール表を埋めていくように伝える。 ○正確に約束ができたことを実感できるよう，遊びカードと曜日カードを見せ合う場を設定する。 ○ALTは，子どもたちとたくさん関われるよう，誘う役として子どもたちと一緒に活動する。 ○両方の立場で会話ができるよう，誘う役と誘われる役を交代するように伝える。 ○遊びに誘う際に必要な表現に気付けるよう，活動中に困ったことやあるとよいと思ったいい方を問いかける。 ○遊びに誘う表現の仕方に戸惑っている子どもには，基本の表現を伝えたり，遊びたい内容を問いかけたりする。 ―― 評価項目 ―― "Let's 〜." "Are you free on 〜?"の表現を用いて，遊ぶ内容を正確に提案したり，友達やALTの都合を聞いたりして遊ぶ約束をしている。　　　　＜行動（1）＞
3　本時の学習を振り返る。 ・遊びに誘えるか心配だったけど，約束できてとてもうれしいな。	○本時の学習を振り返ることができるよう，自分の伝えたいことがきちんと伝わったり，友達の伝えたいことが分かったりした楽しさを問いかける。

V 本時の学習

1 ねらい
中心的な目標に到達するためのもっとも大切な手立て（設定した学習活動）は何か明らかにする。ここでは学習者である子どもが主語で書かれる。

2 準 備
実際の授業で使う学習プリントなどの教材や教具について，教師と子ども双方の立場で具体的に書かれるのが望ましい。ここで記述された教材や教具は展開の中で具体的にどのように扱っているのか記述する。

3 展 開
本時の授業場面について具体的に記述をする部分である。以下「導入→展開→終末」を学習指導の基本的な過程として，それぞれの過程の考え方や留意事項，実際の展開の書き方とその留意点についてその内容を述べる。

(1) 学習指導の過程について

導入	○本時は何のために，何をどのような手順で学習していくか，本時のめあてをつかめるようにする。教師とＡＬＴのモデル提示等があげられる。
展開	○個別，ペア，グループ，全体などの活動形態の組み合わせに留意する。 ○活動における子どもたちの役割に留意する。
終末	○本時や単元の活動で感じた楽しさについて，具体的に振り返ることができるようにする。その際，子どもの学習に対する取組の態度や意欲について教師やＡＬＴがフィードバックする。この終末においては，次時の学習への動機付けや意欲化が図られなければならない。

(2) 本時の展開を書く際の留意点

① 「学習活動」…一人一人が英語を用いながら，主体的に学習に取り組めるよう，学習活動を細分化しすぎないことが重要である。特に，一度の活動でどの程度の時間を要するのか，そして，その活動を何回行うのかを意識するとよい。

② 「子どもの意識」…「学習活動」との関連を図り，１時間を通して子どもの意識の変容が明らかになるように記述する。導入での子どもの意識が，学習活動の中で友達と関わることでどのように深まったり，広がったりしていくか，終末においてどのような意識がもてればよいのかを子どもの言葉で捉え，記述する。その際，活動の説明にならないようにする。

③ 「指導上の留意点」…各学習活動の中で，具体的にどのような手立てを投入して子どもが活動を円滑に進めていけるようにするのかや，各活動における子どもの達成状況をどのように評価し，その結果を役立てるか等について具体的に記述する。その際，ＡＬＴの役割についても記述する。

(3) 指導上の留意点の書き方例

目　的	主な手立てや留意点
～に意欲的に取り組むことができるよう，	～する場を設定する。
～に関われるよう，	～する活動を設定する。～の役を設定する。
～に気付けるよう，	～を問いかける。～を助言する。
～に自信をもてるよう，	～を賞賛する。

第5章 各教科等の特色と指導案の書き方

12 総合的な学習の時間

(1) 総合的な学習の時間の目標

> 横断的・総合的な学習や探究的な学習を通して，自ら課題を見付け，自ら学び，自ら考え，主体的に判断し，よりよく問題を解決する資質や能力を育成するとともに，学び方やものの考え方を身に付け，問題の解決や探究活動に主体的，創造的，協同的に取り組む態度を育て，自己の生き方を考えることができるようにする。

上記の目標を達成するためには，問題解決的な活動が発展的に繰り返されていく「探究的な学習」（右図）となるようにすることが大切である。そのため，教師には，子どもたちが日常生活や社会に目を向けて「自ら課題を見付ける」場面や，「自ら学び自ら考え，主体的に判断できる」場面を，意図的・計画的に設定することが求められる。また，各単元の探究活動が主体的，創造的，協同的に進められるよう学習内容や活動を工夫したり，学習を通して身に付けた知識や技能，学び方やものの考え方を，各教科等の学習や現実の様々な状況に応じて活用できるようにしたりすることが大切である。

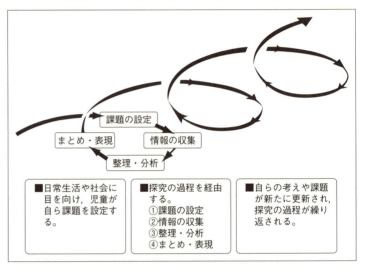

＜探究的な学習における児童の学習の姿＞

(2) 総合的な学習の時間の内容

学習指導要領では，国の示す基準として，目標やこの時間を教育課程上必置とする時数，その取扱いを示すに留めている。すなわち，総合的な学習の時間では，地域や児童，保護者などの実態を十分に把握した上で，各学校において目標と内容を定め，学校が主体性を発揮しながら創意工夫された学習活動を設定していくことが求められているのである。その上で，学習指導要領解説「第4章第1節 指導計画の作成に当たっての配慮事項」の項では，総合的な学習の時間の内容について，次のような配慮を促している。

> 地域や学校，児童の実態等に応じて，教科等の枠を超えた横断的・総合的な学習，探究的な学習，児童の興味・関心に基づく学習など創意工夫を生かした教育活動を行うこと。

例えば，「横断的・総合的な学習」とあるように，国際理解や情報，環境，福祉，健康等，教科や領域の枠を超えた今日的な課題を取り上げることも考えられる。また，「児童の興味・関心に基づく学習」とあるように，ものづくりや生命の神秘さ，不思議さ等，児童がその発達段階に応じて興味・関心を抱く課題や，地域の人々の暮らし，伝統と文化など地域や学校の特色に応じた課題を取り上げることも考えられる。どのような課題を取り上げるにせよ，子どもたちの実態を十分に踏まえ，子どもたち自身が課題を設定できるようにしたり，主体的に取り組める探求活動を工夫したりしていくことが大切である。そこで，各学校では，総合的な学習の時間における目標，育てようとする資質や能力及び態度，学習内

容を定め,「全体計画」を作成することになっている。本校では,総合的な学習の時間を「くすの木タイム」とし,「全体計画」を作成している。

(3)「くすの木タイム」指導の過程
①「くすの木タイム」の単元の学習過程

「くすの木タイム」の単元の学習を進めていく過程は,次のようなものである。

出合う	対象と出合い,体験活動等を通して,課題を設定する。
さぐる・まとめる	課題の解決に向けて,必要な情報を収集をしたり整理・分析をしたりして,対象の特徴やよさを発見し,自らの考え等をまとめ,表現する。
生かす・広げる	課題解決を通して捉えた対象の特徴やよさを,他者に発信したり,生活の中で実践したりすることを通して,自らの成長を実感する。

②「くすの木タイム」の授業の基本的な流れ

「くすの木タイム」の本時の学習を進めていく過程は,次のようなものである。

つかむ	課題解決に向けて本時に行うべき活動を確認し,本時のめあてをつかむ。
追究する	学習計画に従い,本時の活動を行う。
まとめる	本時の活動を振り返り,考えたことや次時に行うとよいこと等を共有し,次時への見通しをもつ。

(4)「くすの木タイム」指導の特色
①人,社会,自然と直接関わる体験活動を取り入れる

くすの木タイムでは,子どもたちが自らの生活・学習経験を生かし,実生活や実社会とのつながりを実感しながら課題をつかめるように,これまでの子どもたちの考えとの「ずれ」や「隔たり」を感じられるような体験活動を積極的に取り入れている。この体験活動は,子どもたちの興味・関心に合った活動であるとともに,各教科等で身に付けた知識・技能を積極的に活用できるものであることが望ましい。また,このような体験活動は,「出合う」過程だけでなく,子どもたちの考えをさらに深めるために「さぐる・まとめる」過程に位置付けても効果的である。

＜カイコの世話をする様子＞

②外部人材との関わりがもてる活動を取り入れる

くすの木タイムでは,子どもたちが課題の解決に向けた自らの考えを深めていけるように,外部人材との関わりがもてる活動を重視している。特に,子どもたちの課題に関する専門家やプロと呼ばれる人との関わりを積極的に取り入れられるとよい。子どもたちは,専門家やプロと呼ばれる人をはじめ,様々な人々と関わることで,解決に必要な情報を得たり,導き出した自らの考えを修正したりして,自分の考えを深めていくことができる。

＜ＪＡの職員の方の話を聞く＞

第5章 各教科等の特色と指導案の書き方

(5) 学習指導案例

くすの木タイム学習指導案

平成○○年○月○○日（○）第○校時 （○の○教室）○年○組 指導者 ○○ ○○

Ⅰ 単 元　　広げよう！友達の輪

Ⅱ 考 察

1 教材観

(1) 学習内容：他者との関わり，福祉

・附属特別支援学校小学部の子どもたち（以下：特支の児童）とその学校生活
・特支の児童に対する附属小の子どもたちの認識
・相手の気持ちを考えながら様々な人と関わることの大切さ

(2) 培われる主な資質・能力

・日常生活や体験から気付きや疑問をもち，課題を把握する力
・情報を収集したり整理・分析したりする様々な方法を知り，課題解決につながる考えを導き出す力
・自らの考えや思いを相手に応じた表現方法でまとめたり，伝えたりする力
・自らの考えをもつとともに，他者の考えを知り，認め合う力
・対象と自分自身との関わりを基に，自らの成長を実感したり，学んだことと自らの生活との結び付きを考えたりする力

(3) 単元と学習対象の価値

　本単元は，子どもたちが特支の児童との交流を繰り返して，互いの関わりを深めるとともに，他学年の児童に特支の児童を紹介し，一緒に交流をする学習である。

　本単元では，対象として「特支の児童」を取り上げた。その価値は，以下のとおりである。

> 　附属特別支援学校と本校は校舎を共有しており，特支の児童と日常的に繰り返し関わることができる。また，子どもたちは特支の児童と関わることで，関わりの難しさ等の具体的な問題状況に直面する。そのため，課題の解決に向けて特支の児童との関わり方を考えることができる。そして，特支の児童との交流を通して，子どもたちは自らの関わり方について，そのよさや改善点を見つめ，相手の気持ちを考えながら様々な人と関わることの大切さを実感し，日常生活での実践につなげることができる。

(4) 今後の学習

　ここでの学習は，4年「みんなにやさしい学校にしよう」において，目が不自由な方と繰り返し交流をして，話を聞いたり，その生活を疑似体験したりしたことを基に，様々な人が生活しやすい学校づくりのために，自分たちができることを考えて実践する学習へと発展していく。

2 児童の実態及び指導方針

　子どもたちはこれまでに，次のような学習に取り組んできた。

　3年「花いっぱい大作戦」において，季節ごとの花やその育て方を調べ，育てた花を飾ったりプレゼントしたりして，校内を花いっぱいにする活動を行う学習。

　この学習の中で明らかになった，子どもたちの実態及び本単元を進めるにあたっての指導方針は，次のとおりである。

(6)「くすの木タイム」学習指導案作成上の留意点

Ⅰ 単 元 → 単元名を記述する。

Ⅱ 考 察

1 教材観

(1) 学習内容

　各学校の総合的な学習の時間の「全体計画」に基づき，この単元を通して，子どもたちが学び得ることを端的に記述する。主たるものに精選して記すことで，本単元の主題性が明確になる。

(2) 培われる主な資質・能力

　各学校の「全体計画」に基づいて記述する。本校では，「学習方法に関すること」「他者や社会との関わりに関すること」「自分自身に関すること」の３つの側面から，くすの木タイムで育みたい資質や能力及び態度を設定している。そして，これらの資質や能力及び態度をさらに５つの観点に細分化して記述している。それぞれの観点から見た目指す子どもの姿については，次のとおりである。

	資質や能力及び態度	目指す子どもの姿
学習方法に関すること（問題を解決する能力）	(1) 課題を設定する力	(1) 日常生活や体験等から自ら問題状況を発見し，課題を把握することができる。
	(2) 課題を追究する力	(2) 必要な情報を適切な方法を用いて収集したり整理・分析したりして，課題解決につながる考えを導き出すことができる。
	(3) 表現する力	(3) 相手や目的に応じて，自らの考えや思いを分かりやすくまとめたり，伝えたりすることができる。
他者や社会との関わりに関すること	(4) 他者と関わる力	(4) 自らの考えをもつとともに，自分とは異なる他者の考えに共感し，合意形成を図ることができる。
自分自身に関すること	(5) 自らの生活を考える力	(5) 対象と自分自身との関わりを基に，自らの成長を実感し，学んだことと自らの生活との結び付きを考えることができる。

　この(1)～(5)について，本単元で子どもたちに培われる資質・能力を，実態や発達段階を考慮して示せるとよい。

(3) 単元と学習対象の価値

　まず，この単元で子どもたちが取り組む活動と，活動を通して関わりを深めていく学習対象（もの・ひと・こと）について端的に示す。次に，本単元において追究していく学習対象の価値について記述する。その際，対象と子どもたちとの日常的な関わりの様子や，本対象を通して学ぶことによる「培われる資質・能力」の身に付きやすさ，この学習対象のもつ地域的な意味や内包する課題性など，授業者の捉えを記述する。ここでは，授業者が，長期にわたる探究的な学習に耐えうる学びの発展性や可能性を見出しておくことが大切である。子どもたちは学習対象そのものについて深く知ることで，その背景にある主題性や課題性に気付いていく。授業者がこれらの価値を十分に把握することが，子どもたちの主体的な探究活動を可能とする。

(4) 今後の学習

　この単元の学習をする子どもたちが，次の単元でどのような学習活動を行うのかを明記する。大単元構想の場合，同一テーマを追究している次の小単元について記述する場合もある。

第5章 各教科等の特色と指導案の書き方

- 校内には花がたくさんあるという予想に反して，実際には花が少ないという事実に気付いたり疑問をもったりして，課題を把握できるようになってきている。このような子どもたちが，特支の児童との交流に関する問題状況を自ら発見し，課題を把握できるようにする。そこで，5年生からの引き継ぎの話と1回目の「ふれあい集会」を振り返り，特支の児童との今後の関わりについて伝え合う活動や，特支の児童と関わることに関心が低い下級生へのアンケート結果を基に，これから取り組みたいことを話し合う活動を設定する。
- 育てた花の活用方法について自らの考えをもち，友達の考えを受け入れることができるようになってきている。このような子どもたちが，特支の児童や交流について自らの考えをもち，友達の考えを受け入れ，互いの考えのよさを認め合うことができるように，特支の児童の様子や特支の先生からのアドバイスを基に，次回の交流の活動内容や関わり方についてグループで話し合う活動を繰り返し設定する。
- 育てた花で校内を明るくする一連の活動を通して，自らの取組のよさや成長，自他のために生活環境の美化に取り組むことの大切さを実感できるようになってきている。このような子どもたちが，特支の児童との交流を通して，自らの関わり方の変化や特支の児童の気持ちを考えながら関わることの大切さを実感できるように，交流の成果について特支の児童の保護者からの手紙を読んだり，特支の先生の話を聞いたりする場を設定する。

Ⅲ 目標及び評価規準

1 目 標

特支の児童や，その児童に関わる人たちと交流をし，特支の児童の思いや願い，よさを知り，新たな友達として親しみを感じるとともに，他者との自らの関わり方について見方・考え方を深める。

2 評価規準

(1) 特支の児童との交流での気付きや疑問，特支の児童の保護者や特支の先生から聞いたこと等を基に，自ら問題状況を発見し，課題を把握している。

(2) 特支の児童との交流から生じる問題状況を解決するために必要な情報を，収集したり整理・分析したりして，課題解決につながる考えを導き出すことができる。

(3) 特支の児童や交流に関する自らの考えや思いを，相手に応じた方法でまとめたり，分かりやすく伝えたりしている。

(4) 特支の児童や交流に関する自らの考えをもち，自らと異なる他者の考えを受け入れたり，友達や特支の児童の気持ちを考えて関わったりしている。

(5) 特支の児童や，その児童に関わる人との交流を振り返り，自らの取組のよさや成長を実感したり，特支の児童に親しみをもったりしている。

Ⅳ 指導計画（全40時間）

過程	学 習 活 動	時間
出合う	○自らの友達についての捉えを話し合う。	1
	○5年生から特支の児童との交流について引き継ぎの話を聞く。	1
	○自己紹介をし，1回目の「ふれあい集会」を行う。	3
	○これまでの活動の振り返りを基に，これから取り組みたいことを伝え合い，課題をつかむ。**（本時）**	1
さぐる・まとめる	○課題の解決に向け，学習計画を立てる。	1
	○「自己紹介カード」をつくり，交流する特支の児童と交換する。	2
	○特支の児童と合同授業に参加したり，特支の先生にインタビューしたりする。	3
	○「ふれあい集会」の準備をし，繰り返し交流する。	12
	○特支の先生や保護者から「ふれあい集会」の感想等を聞き，これから取り組みたいことを話し合い，新たな課題をつかむ。	2
生かす・広げる	○新たな課題の解決に向けて，学習計画を立てる。	2
	○常時活動での交流や大運動会での合同競技を行う。	5
	○特支の児童のことを記した「友達紹介カード」をつくり，他学年の児童に渡して一緒に交流する。	5
	○これまでの学習を振り返り，特支の児童への捉えについて，いままでの自分といまの自分とを比較し，違いを話し合う。	1
	○単元の学習を通して変化した，自らの友達についての捉えを話し合う。	1

2 児童の実態及び指導方針

　この単元を学習する子どもたちが、どのような実態にあるかを明らかにするとともに、実態に応じて教師が行う間接的な手立てを記述する。

「子どもたちはこれまでに、」～

　子どもたちが、本単元「広げよう！友達の輪」を学習するまでに、どのような学習を行ってきたかを記述する。総合的な学習の時間の前単元や、本単元と内容面で関わりのある他教科の単元・題材等を具体的に挙げ、どのような学習活動であるかを端的に記述する。

「この学習の中で明らかとなった」～

　学習経験から子どもが身に付けてきている資質・能力と、それをさらに培うための教師の間接的な手立てを記述する。その際、「培われる主な資質・能力」に示した項目に合わせて記述するとよい。したがって、本校の場合では、上記の５つの観点から記述することになるが、紙幅が十分に取れない場合には、左頁の指導案例のように、本単元で特に重視する資質・能力のみについての記述のみに限定する場合もある。

記述例

「～ができるようになってきている。このような子どもたちが～できるよう、～を設定する。」
　　（児童の実態）　　　　　　　　　　　　　　　　　（培われる資質・能力）（教師の手立て）

・<u>校内には花がたくさんあるという予想に反して、実際には花が少ないという事実に気付いたり疑問をもったりして、課題を把握できるようになってきている。</u>このような子どもたちが、特支の児童との交流に関する問題状況を自ら発見し、課題を把握できるようにする。そこで、５年生からの引き継ぎの話と１回目の「ふれあい集会」を振り返り、特支の児童との今後の関わりについて伝え合う活動や、特支の児童と関わることに関心が低い下級生へのアンケート結果を基に、これから取り組みたいことを話し合う活動を設定する。

Ⅲ　目標及び評価規準

1　目　標
2　評価規準

　目標、評価規準は、年間指導計画を基に記述する。通常、総合的な学習の時間の評価規準は、各学校が定めた具体的な目標、内容に基づいて定めた観点による、観点別学習状況の評価を基本にして作成されている。本校の場合は、前述のⅡ-1-(2) **培われる主な資質・能力**にあげた５つの観点から評価活動を行っている。単元の目標は、この５つの観点を包括したものと捉えられる。

Ⅳ　指導計画

　単元の構想を基に、目標に迫っていくための学習活動と、それに要する時間が記述される。また本時の位置付けを**（本時）**と表中に明記する。児童の意識の流れをイメージした指導計画がしっかりとできれば、他の部分は整理して記述することができる。逆に、児童の意識の流れを十分イメージできていないと子どもたちの主体的な追究の実現は難しく、目標に迫っていく道筋が揺らいでしまう。ただ、しっかりとした指導計画を作成したつもりであっても、追究する子どもたちの実態によっては、指導計画を修正・変更していく必要がある。

第5章　各教科等の特色と指導案の書き方

V　本時の学習

1　ねらい　特支の児童との今後の関わりについて伝え合うことを通して，特支の児童との関わりを深めようとする思いをもち，課題を把握する。

2　準　備　1回目の「ふれあい集会」の写真　ネームマグネット　特支の先生からの手紙　学習プリント

3　展　開

学習活動と子どもの意識	指導上の留意点
1　本時のめあてをつかむ。 ・1回目の「ふれあい集会」では，僕たちの班は思ったような交流ができなかったな。 ・特支の友達との交流についてどう感じたのか，みんなの思いを聞きたいな。	○1回目の「ふれあい集会」の様子を想起できるように，交流の写真を提示し，交流をした感想を問いかける。 ○他の班の交流の状況や感想を聞こうとする思いをもてるように，交流に対して異なる感想をもった児童を意図的に指名する。
2　5年生による引き継ぎの話や1回目の「ふれあい集会」の振り返りを基に，特支の児童との今後の関わりについて伝え合う。 ・「続けられる」の人たちがたくさんいるね。でも，ぼくは「続けられるか心配」だよ。 ・だって，ボール遊びをしようと思ったけれど，特支の友達は座り込んでしまったから。 ・特支の友達が座り込んでしまった時に，ぼくはどうしたらいいか分からなかったな。 ・私たちの班では予定していた折り紙は盛り上がらなかったけれど，風船バレーをすることにしたらとても楽しく遊べたよ。 ・ぼくたちは，上手に遊べないのかな。 ・そんなことないよ。特支の友達も初めての交流でびっくりしたんだと思うよ。 ・特支の友達は，ぼくたちのことを嫌がっていたわけではないのだな。 ・特支の先生はぼくたちの関わり方を褒めてくれていたね。 ・5年生みたいに特支の友達と楽しく関われるようになりたいな。	○特支の児童との今後の関わりについての互いの考えを共有できるように，「続けられる」「続けられるか心配」の立場に分かれてネームマグネットで黒板に示すよう促す。 ○特支の児童との関わりの難しさやその時の思いを共感できるように，双方の立場の考えの根拠を整理して板書する。 ○自らの関わり方に自信をもてるように，特支の先生からの手紙を提示する。 ○今後も特支の児童との交流を続けていこうとする思いをもてるように，「特支の先生からの手紙を読んで感じたこと」の視点を提示し，今の自らの考えを学習プリントに記述するよう促す。 ○今の互いの考えを共有できるように，自ら立場をネームマグネットで黒板に再度示すよう促す。 ―― 評価項目 ―― 今後も特支の児童との交流を続け，関わりを深めていこうとする思いを表している。　＜発言・学習プリント（1）＞
3　今後の課題をつかむ。 ・どうしたら特支の友達と仲良くなれるのかな。 ・まずはぼくのことをよく知ってもらいたいな。	○今後の課題を把握することができるように，「振り返りシート」に記述したことを発表するよう促す。

V 本時の学習

1 ねらい

単元の目標を踏まえた上で，本時に行う【中心的な学習活動】と【おさえたいこと（学習後の子どもの姿）】を端的に記述する。指導案例の本時においては次のようになっている。

> ―記述例―
> 特支の児童との今後の関わりについて伝え合うことを通して【中心的な学習活動】，特支の児童との関わりを深めようとする思いや願いをもち，課題を把握する【おさえたいこと】。

2 準 備

本時の学習で使用する資料や教材，教具等を記述する。教師と児童が準備するものが明確に分かれる場合には，分けて記述すると分かりやすい。ここで記述された教材や教具は展開の中でも記述するとよい。

3 展 開

(1) 学習活動について

本時の展開は大きく3～4つに分け，それぞれの学習活動を端的に記述する。文章の主語は「子ども」である。学習活動は，「めあてをつかむ」「追究するための活動」「まとめ」が一般的である。あまり多くの学習活動を行わず，子どもの主体的な追究を保証できるようにするとよい。また，「まとめ」では，次時への見通しをもつために，問題状況を発見できるようにしたり，次に取り組みたいことをもてるようにしたりすることが大切である。

(2) 子どもの意識と指導上の留意点について

本時の学習の展開においては，何よりも具体化が重視される。学習活動における内容や支援の具体化も重要であるが，特に，注意したいことは「子どもの意識」の具体化である。学習活動における子どもの意識が明確になるということは，その意識をもてるようにするための教師の手立てが明確になっているということである。また，「指導上の留意点」には，学習の流れに沿って，教師がどのような手立てを講じていくかが記述される。下記の例にも書かれているように，教師の手立てに対応してその目的が書かれるとよい。子どもたちの実態に応じて個別に支援する際には，その対象となる子どもたちが記述されていると分かりやすい。また，教師の手立てに対応して，子どもの意識が1つもしくは複数記述されるとよい。

学習活動と子どもの意識	指導上の留意点
1　本時のめあてをつかむ。 ・1回目の「ふれあい集会」では，ぼくたちの班は思ったような交流ができなかったな。 ・特支の友達との交流についてどう感じたのか，みんなの思いを聞きたいな。	○1回目の「ふれあい集会」の様子を想起できるように，交流の写真を提示し，交流をした感想を問いかける。 ○他の班の交流の状況や感想を聞こうとする思いをもてるように，交流に対して異なる感想をもった児童を意図的に指名する。

―― 目　的
〜〜 手立て

第5章　各教科等の特色と指導案の書き方

13　特別活動

(1) 特別活動の目標と内容

> 望ましい集団活動を通して，心身の調和のとれた発達と個性の伸長を図り，集団の一員としてよりよい生活や人間関係を築こうとする自主的，実践的な態度を育てるとともに，自己の生き方についての考えを深め，自己を生かす能力を養う。

　特別活動は子どもの集団による実践活動であり，集団の一員として「なすことによって学ぶ」活動である。また，児童会活動や学校行事のように学級の枠を外して，さらに大きな集団として組織していく活動も含んでいる。したがって，教師と子ども及び子どもたち相互の人間的な触れ合いがこの活動の基盤として重要になってくる。

　また，特別活動は，望ましい集団活動を通して子ども一人一人に調和のとれた発達を保障していこうとする領域であるといえる。特別活動の内容は，教科，道徳等の教育活動と関連を図ることにより，目標達成に向けて機能するものになる。

　特別活動は，学級活動，児童会活動，クラブ活動及び学校行事の各内容から構成されている。

(2) 学級活動の目標と内容

> 学級活動を通して，望ましい人間関係を形成し，集団の一員として学級や学校におけるよりよい生活づくりに参画し，諸問題を解決しようとする自主的，実践的な態度や健全な生活態度を育てる。

　子どもたちの学校生活は，その大部分を学級という集団を単位として展開されている。そこで，学級での生活の充実と向上を図るために，集団内に生じた問題の原因や解決方法を話し合ったり，話合いに基づいて具体的に活動したりして，子ども一人一人に学級集団の一員としての所属感や充実感を自覚させる必要がある。また，基本的な生活習慣や望ましい生活態度等に問題が生じた場合，集団活動という視点からその解消を図り，その過程を通して，健全な生活態度を身に付け，学級集団の充実と発展に寄与できるようにしていくことも必要である。

　小学校学習指導要領では，いずれの学年においても取り扱う内容を〔共通事項〕とし，「(1) 学級や学校の生活づくり」と「(2) 日常の生活や学習への適応及び健康安全」の2つを示している。活動内容 (1) は，子どもたち自らが楽しく充実した学級や学校の生活をつくっていくことを内容としており，集団決定したことを協力して実践していく活動が中心となる。活動内容 (2) では，子どもたちの不安や悩みの解消，望ましい人間関係の形成，基本的な生活習慣の形成，健康で安全な生活態度の形成等に関する内容となっており，自己決定したことを個々に応じて実行していく活動となる。

(3) 学級活動指導の過程

○学級活動の基本的な活動過程

　学級活動を進めていく基本的な活動過程は，次のようなものである。

事　前	計画委員会を組織しながら「議題」を決定し，活動計画を作成する。
本　時	計画に沿って話合い活動をする。
事　後	集団決定・自己決定したことを基に実践を行い，成果について振り返る。

(4) 学級活動の指導の特色

学級活動は集団による話合いの活動が中心となる。子どもたちの自治的，自発的な話合いにより問題が解決されるように，「事前」「本時」「事後」における指導の特色を以下に述べる。

① 「事前」の指導

> **ア　計画委員会の組織**
> 　事前に，発達の段階に応じて計画委員会等を組織する必要がある。構成の一例として，議長，副議長，黒板書記，ノート書記等の役割分担が考えられる。低学年では，教師の支援によるところが多くなるが，少しずつ，子どもたちに任せる部分を増やしていけるとよい。
>
> **イ　議題の決定**
> 　活動内容（1），（2）とも，年間指導計画に題材（例）が位置付けられているが，活動内容（1）については，子どもたちの意識や実態により弾力的に扱っていくことができる。活動内容（2）については，教師の投げ掛けが中心だが，アンケートの調査結果を準備し，計画委員会の子どもたちに発表させる等して議題を決定し，話合いへの必要感を高められるとよい。
>
> **ウ　計画の作成**
> 　教師の適切な指導の下，計画委員会が中心となり話合いのめあてや話し合う順番等の活動計画を作成する。また，よりよい解決の方法に子どもたちが気付けるよう，子どもたちの主体性に配慮しながら資料（写真・場面絵・具体物・ＶＴＲ・アンケート結果等）の作成を行う。
>
> **エ　問題の意識化**
> 　子ども一人一人が問題意識をもって話合いに参加できるように，自分の考えを「話合いカード」に記述したり，話合いに必要な情報を収集したりするよう促す。

② 「本時」の指導

> 　本時の中心は話合い活動である。基本的には**「意見の共有→検討→決定」**の流れに沿って，計画委員会の子どもたちの進行で話合いが進められる。子どもたちが自主的に話し合えるように，マニュアル（手引き書）を用いてもよい。教師は，必要に応じて話合いの方向付けを行う。また，検討の段階では，子どもたちが具体的なイメージをもって話合いを進められるように，模擬活動等を取り入れると効果的である。

③ 「事後」の指導

> **ア　決定したことの実行**
> 　子どもたちが，話合いで決定したことを実行に移せるよう，子どもたちの活動をよく観察し，話合いで決定したことが生かされている行動については，具体的に取り上げて賞賛していく。
> 　実行する場面は，題材によって多岐にわたることが考えられる。その際，他教科やその他の領域，家庭や地域との連携が図れるようにすることが大切である。
>
> **イ　題材のまとめ**
> 　実践の後，活動についてよかった点を話し合う等の機会を設け，成果を振り返れるようにする。また，十分に取り組めた子どもを賞賛する等して，さらなる活動への意欲付けを行う。

(5) 学習指導案例

学　級　活　動　指　導　案

平成○○年○月○○日（○）　第○校時　（4の○教室）　4年○組　指導者　○○　○○

Ⅰ　題　　材　　　ひとりぼっちはいない

Ⅱ　考　　察

1　題材観

(1) 学習内容：学習指導要領上の位置付け

> 〔共通事項〕
> (2) 日常の生活や学習への適応及び健康安全
> 　　ウ　望ましい人間関係の形成

(2) 培われる主な資質・能力

- 進んで交友関係を広げながら生活しようとする態度
- 交友関係を広げる方法について考え，実行する力
- 交友関係を広げる方法についての理解

(3) 題材の価値

本題材では，学級からひとりぼっちを出さない方法について根拠を明らかにして話し合い，一人一人が自分に合った方法を決定し，実行できるような活動を設定した。その価値は，以下のとおりである。

> 子どもたちが，夢や希望をもって毎日を楽しく生活できるようにするためには，互いに尊重し合い，よさを認め合えるような人間関係を築くことが大切である。しかし，今日の人間関係の希薄化，コミュニケーション力の不足等から，他者と積極的に関わることに抵抗を感じていたり，どのように接したらよいか分からなかったりする子どもも見られる。そこで，「ひとりぼっち」という生活の一場面を課題として取り上げる。子どもたちは，ひとりぼっちの子をなくすための方法について話し合い，考えた方法を実行することで，よりよい人間関係を築くための方法が分かり，進んで交友関係を広げながら生活していこうとする態度を高めることができると考える。

(4) 今後の学習

ここでの学習は，4年「協力して生活しよう」での，誰とでも協力することのよさを知り，協力して活動する方法について根拠を明らかにして話し合い，自分に合った方法を決定するとともに一人一人が実行する活動へと発展していく。

2　児童の実態及び指導方針

子どもたちはこれまでに，次のような活動に取り組んできた。

3年「気持ちよい会話」での，気持ちのよい言葉がけをするよさを知り，時と場面に応じての言葉がけについて根拠を明らかにして話し合い，自分に合った方法を決定するとともに一人一人が実行する活動。

(6) 学級活動学習指導案作成上の留意点

Ⅰ 題　　材　→　題材名を記述する。

Ⅱ 考　　察

1　題材観

(1) 学習内容：学習指導要領上の位置付け

　この題材が学習指導要領上のどの共通事項に基づいて設定されたものかを明らかにする。その際，位置付ける共通事項を教師の意図で自由に設定するのではなく，各学校で意図的・計画的に作成されている「年間指導計画」に示されている「目標」に基づいて設定することが望ましい。授業者は学習指導要領解説の該当部分を読み，理解しておく。

(2) 培われる主な資質・能力

　上記の指導事項に基づいて，「集団活動や生活への関心・意欲・態度」「集団の一員としての思考・判断・実践」「集団生活についての知識・理解」の3つの観点から，本題材で子どもたちに培われる資質・能力を示す。

```
── 培われる資質・能力の記述例 ──
関心・意欲・態度　…　「（～する）意欲」「（～しようとする）態度」
思考・判断・実践　…　「（～する）力」「（～する）能力」
知識・理解　　　　…　「（～についての）知識」「（～についての）理解」
```

(3) 題材の価値

　培われる資質・能力を子どもたちが身に付けていく上での本題材の価値は何か，授業者の捉えを記述する。ここに授業者の指導意図が強く表れるため，子どもたちの実態を十分に捉えた上で記述することが望ましい。以下の留意点にしたがって，題材の価値を考察していくとよい。

- 本題材の活動に取り組む子どもたちの，日常生活等における，指導事項に関わる実態を記述する。その際，子どもの発達段階や課題点から，題材を行う価値を考察する。
- この題材での子どもの活動を簡潔に記述し，上記の「培われる主な資質・能力」と本題材との関連を明らかにする。

(4) 今後の学習

　子どもたちが，本題材の指導事項に関わって今後どのような題材を行うのか明記する。関連する題材を1つ取り上げるとよい。

2　児童の実態及び指導方針

　この題材を学習する子どもたちの実態を明らかにするとともに，実態に応じて教師が設定する活動や提示する資料等の間接的な手立てを記述する。

「子どもたちはこれまでに，」～

　子どもたちが，本時で扱う題材に関わって，これまで取り組んできた題材について記述する。その際，学年，題材名，その題材で具体的にどのような内容で話し合ったのかを端的に記述する。

この学習や日常生活の中で明らかになった，子どもたちの実態及び本題材の活動を進めるにあたっての指導方針は，次のとおりである。

- 友達に対して，時と場面を考えて気持ちのよい言葉がけをして生活することができるようになってきている。このような子どもたちが，進んでいろいろな友達と接しようとする態度を身に付けられるよう，事前の活動で，休み時間や放課後にひとりぼっちになり寂しい思いをした経験を調査して結果を提示したり，事後の活動で，実行できたことを互いに認め合ったりする活動を設定する。
- 時と場面に応じての言葉がけについて，自分なりの解決方法を考え，気持ちのよい言葉がけができるようになってきている。このような子どもたちが，ひとりぼっちの友達をなくすための方法を考え，生活の中で実行できるよう，本時の活動で，ひとりぼっちになった子がいる場面を想定して，それぞれの立場に立って具体的な方法を考える活動を設定する。
- 時と場面に応じた気持ちのよい言葉がけについて理解してきている。このような子どもたちが，ひとりぼっちの友達をなくす方法について理解できるよう，本時で，話し合ったいくつかの方法を実際に試す模擬活動を設定する。

Ⅲ　目　標

　いろいろな友達と接することのよさを知り，休み時間や放課後にひとりぼっちの子がいなくなる方法について根拠を明らかにして話し合い，自分に合った方法を決定するとともに一人一人が実行し，交友関係を広げて生活する。

Ⅳ　活動計画（全1時間）

過程	学　習　活　動
事　前	○休み時間や放課後にひとりぼっちになり，寂しい思いをした経験を事前調査する。
本　時	○ひとりぼっちの子が出てしまう原因について考える。 ○休み時間や放課後にひとりぼっちの子がいなくなる方法について，根拠を明らかにして話し合う。 ○自分が取り組んでいくことを決める。
事　後	○いろいろな友達と接し，交友関係を広げる。

「この学習や日常生活の中で明らかになった,」～
　学習経験から子どもが身に付けてきている資質・能力と，それをさらに培うための教師の間接的な手立てを記述する。その際，「集団活動や生活への関心・意欲・態度」「集団の一員としての思考・判断・実践」「集団生活についての知識・理解」の観点ごとに記述する。

児童の実態・指導方針の記述例

「～ができるようになってきている。このような子どもたちが～できるよう，～を設定する。」
　　（子どもの実態）　　　　　　　　　　　　　　　　　　（培われる資質・能力）（教師の手立て）

(1) 関心・意欲・態度に関わる実態
　子どもたちが，本題材に関わる内容について，どのようなことに興味・関心をもっているのか，どのような態度を身に付けてきているのかを記述する。さらにその態度を培うために教師がどのような活動や場を設定するのかを記述する。

(2) 思考・判断・実践に関わる実態
　子どもたちが，話合い活動を通して，本題材に関わる課題に対する解決方法をどのように考え，判断し，実践できるようになってきているのかを記述する。さらにその能力を伸ばすために，教師がどのような活動や場を設定するのかを記述する。

(3) 知識・理解に関わる実態
　子どもたちが，本題材に関わる内容について，どのような知識を身に付け，理解してきているのかを記述する。また，さらに理解を深めることができるよう，教師がどのような活動や場を設定するのかを記述する。

Ⅲ　目標

　目標は，年間指導計画及び指導資料を基に記述する。題材で培われる資質や能力を，以下のように3観点から示す。

　いろいろな友達と接することのよさを知り (3)，休み時間や放課後にひとりぼっちの子がいなくなる方法について根拠を明らかにして話し合い，自分に合った方法を決定するとともに一人一人が実行し (2)，交友関係を広げて生活する。(1)
　　(1)「集団活動や生活への関心・意欲・態度」　(2)「集団の一員としての思考・判断・実践」
　　(3)「集団生活についての知識・理解」

Ⅳ　活動計画

　年間指導計画等から，活動計画となる1つ1つの活動について，順を追い簡潔に記述する。実態調査の内容や，話合いへの必要感を高めるための活動等は，子どもの実態や指導方針によって，弾力的に工夫していけるとよい。

第5章 各教科等の特色と指導案の書き方

Ⅴ 本時の学習

1 ねらい　休み時間や放課後にひとりぼっちを出さない方法について，話合いの観点に沿って根拠を明らかにして話し合い，学級全体や自分が取り組んでいくことを決定する。
2 準　備　実態調査の結果　話合いカード「ひとりぼっちはいない」　場面絵
3 展　開

学習活動と子どもの意識	指導上の留意点
1　本時の話合いのめあてを確認する。 ・今日はひとりぼっちを出さないための方法について話し合うのだな。 ・誰でもひとりぼっちになってしまうことはありそうだな。 2　ひとりぼっちを出さないための方法について，根拠を明らかにして話し合う。 ・一人でいる子が，「一緒に遊ぼう」などと自分から声をかけるようにしたら，1人にならないから，ひとりぼっちの子がいなくなると思うよ。 ・一人でいる子は不安な気持ちでいると思うな。だから，自分から声をかけることは難しいかもしれないな。 ・一人でいる子を見付けて，そうでない子から声をかけてあげたらよいと思うな。 ・教室を出る時に教室を見回したら，一人でいる子に気付けるし，声をかけられた子もうれしい気持ちになれるよ。 3　話し合ったことを基に，これから自分が取り組んでいくことを決め，話合いカードに記述する。 ・これからは，休み時間になったらもっと周りを見回し，ひとりぼっちになりそうな子を見付けて，どんどん誘ってあげよう。	○話合いの必要感を高め，話合いのめあてを確認できるように，ひとりぼっちの子が出てしまう原因についてのアンケート結果を提示する。 ○ひとりぼっちになってしまうことは誰にでもあり得るということに気付けるように，具体的な場面を想起するよう促す。 ○意見を共有したり，比較したりできるように，話合いカードに記述したことを発表するよう促す。 ○ひとりぼっちの子の気持ちに立った方法に気付けるように，意見を共有する際には，ひとりぼっちになってしまった立場と，そうでない立場とに分けて発表するよう促す。 ○多様な方法を共有できるよう，ひとりぼっちを出さない方法について，具体的な方法が考えられている子どもを意図的に指名するよう促す。 ○実行可能な具体的な方法に気付けるように，ひとりぼっちになった子がいる場面絵を提示し，ひとりぼっちになってしまった立場と，そうでない立場に分かれて，話合いで出された方法についての模擬活動を促す。 ○それぞれが決定した方法を互いに認め合い，実行への意欲をもてるように，話合いカードに記述したことを発表するよう促す。 評価項目 　自分に合っていることや，いつでもできること等の観点に沿って，根拠を明らかにして話し合っている。 　＜言動，話合いカード（集団の一員としての思考・判断・実践）＞

V 本時の学習

1 ねらい

本時の活動の中で，何を話し合い，どのようなことが決められればよいのかを具体的に記述する。ここでは学習者である子どもが主語で書かれる。

2 準　備

実態調査の結果，話合いカード，提示資料等，本時の活動で使われる教材が，教師と子ども双方の立場で具体的に書かれるのが望ましい。ここで記述された教材や教具は展開の中でも記述するとよい。

3 展　開

本時の流れを活動場面ごとに具体的に記述する。一般的に，「話合いのめあての確認」「話合い」「まとめ」といった過程で進められることが多い。それぞれの過程の考え方や留意事項，実際の展開の書き方とその留意点について，その内容を述べる。

(1) 学習指導の過程について

過程	指導の考え方
話合いのめあての確認	○本時において話し合う必要性を確認する。活動自体は計画委員会の進行によって進められることが多いが，「先生からの話」の場面などで，教師が実態調査の結果に補足したり，新たな資料を提示したりすることも考えられる。
話合い	○本時の活動の中心的な場面になる。「意見の共有・検討・決定」の流れを意識しながら記述できるとよい。なお，活動内容（1）では集団決定，活動内容（2）では自己決定によって，取り組むことが決定されることが多い。
まとめ	○「話合い」で決定されたことを基に，一人一人の取り組む内容や取り組み方を決めて，話合いカードに記述する。また，話合いの仕方を振り返って自己評価する場でもある。

(2) 本時の展開を書く際の留意点

①「学習活動」…中心となる話合い活動では，子どもたちの自主的・自発的な活動が助長されるように考慮しなければならない。しかし，子どもたちに任せきりにならないよう，教師は発達段階や実態に応じて，適宜指導を行う必要がある。また，活動内容（1），（2）の特質を踏まえ，効果的な学習活動を組むことも大切である。

②「子どもの意識」…「学習活動」との関連を図り，活動内容（1）では集団決定，活動内容（2）では自己決定に向かって，子どもの意識がどのように深まっていくのか，時間の流れに沿って記述する。

③「指導上の留意点」…本時では，話合い活動が中心となるため，子どもたちの自主的・自発的な話合い活動が促されるよう，具体的な支援を記述していく。そして，それらの支援が子どもを本時のねらいに導いていけるものになっていなければならない。「まとめ」の段階では，子どもたちが実行への意欲をもてるよう，話合いの進め方に対する賞賛などの評価や，子どもが話合いを通して，実行に向けての見通しがもてたかどうかの確認等，言葉がけを中心とした支援が記述される。

子どもたちの未来へ

資料編

資料編

教育基本法

平成十八年十二月二十二日法律第百二十号

　我々日本国民は，たゆまぬ努力によって築いてきた民主的で文化的な国家を更に発展させるとともに，世界の平和と人類の福祉の向上に貢献することを願うものである。

　我々は，この理想を実現するため，個人の尊厳を重んじ，真理と正義を希求し，公共の精神を尊び，豊かな人間性と創造性を備えた人間の育成を期するとともに，伝統を継承し，新しい文化の創造を目指す教育を推進する。

　ここに，我々は，日本国憲法の精神にのっとり，我が国の未来を切り拓く教育の基本を確立し，その振興を図るため，この法律を制定する。

第一章　教育の目的及び理念

（教育の目的）

第一条　教育は，人格の完成を目指し，平和で民主的な国家及び社会の形成者として必要な資質を備えた心身ともに健康な国民の育成を期して行われなければならない。

（教育の目標）

第二条　教育は，その目的を実現するため，学問の自由を尊重しつつ，次に掲げる目標を達成するよう行われるものとする。

　一　幅広い知識と教養を身に付け，真理を求める態度を養い，豊かな情操と道徳心を培うとともに，健やかな身体を養うこと。

　二　個人の価値を尊重して，その能力を伸ばし，創造性を培い，自主及び自律の精神を養うとともに，職業及び生活との関連を重視し，勤労を重んずる態度を養うこと。

　三　正義と責任，男女の平等，自他の敬愛と協力を重んずるとともに，公共の精神に基づき，主体的に社会の形成に参画し，その発展に寄与する態度を養うこと。

　四　生命を尊び，自然を大切にし，環境の保全に寄与する態度を養うこと。

　五　伝統と文化を尊重し，それらをはぐくんできた我が国と郷土を愛するとともに，他国を尊重し，国際社会の平和と発展に寄与する態度を養うこと。

（生涯学習の理念）

第三条　国民一人一人が，自己の人格を磨き，豊かな人生を送ることができるよう，その生涯にわたって，あらゆる機会に，あらゆる場所において学習することがで

き，その成果を適切に生かすことのできる社会の実現が図られなければならない。

（教育の機会均等）

第四条　すべて国民は，ひとしく，その能力に応じた教育を受ける機会を与えられなければならず，人種，信条，性別，社会的身分，経済的地位又は門地によって，教育上差別されない。

2　国及び地方公共団体は，障害のある者が，その障害の状態に応じ，十分な教育を受けられるよう，教育上必要な支援を講じなければならない。

3　国及び地方公共団体は，能力があるにもかかわらず，経済的理由によって修学が困難な者に対して，奨学の措置を講じなければならない。

第二章　教育の実施に関する基本

（義務教育）

第五条　国民は，その保護する子に，別に法律で定めるところにより，普通教育を受けさせる義務を負う。

2　義務教育として行われる普通教育は，各個人の有する能力を伸ばしつつ社会において自立的に生きる基礎を培い，また，国家及び社会の形成者として必要とされる基本的な資質を養うことを目的として行われるものとする。

3　国及び地方公共団体は，義務教育の機会を保障し，その水準を確保するため，適切な役割分担及び相互の協力の下，その実施に責任を負う。

4　国又は地方公共団体の設置する学校における義務教育については，授業料を徴収しない。

（学校教育）

第六条　法律に定める学校は，公の性質を有するものであって，国，地方公共団体及び法律に定める法人のみが，これを設置することができる。

2　前項の学校においては，教育の目標が達成されるよう，教育を受ける者の心身の発達に応じて，体系的な教育が組織的に行われなければならない。この場合において，教育を受ける者が，学校生活を営む上で必要な規律を重んずるとともに，自ら進んで学習に取り組む意欲を高めることを重視して行われなければならない。

（大学）

第七条　大学は，学術の中心として，高い教養と専門的能力を培うとともに，深く真理を探究して新たな知見を創造し，これらの成果を広く社会に提供することにより，社会の発展に寄与するものとする。

 資 料 編

2　大学については，自主性，自律性その他の大学における教育及び研究の特性が尊重されなければならない。

（私立学校）

第八条　私立学校の有する公の性質及び学校教育において果たす重要な役割にかんがみ，国及び地方公共団体は，その自主性を尊重しつつ，助成その他の適当な方法によって私立学校教育の振興に努めなければならない。

（教員）

第九条　法律に定める学校の教員は，自己の崇高な使命を深く自覚し，絶えず研究と修養に励み，その職責の遂行に努めなければならない。

2　前項の教員については，その使命と職責の重要性にかんがみ，その身分は尊重され，待遇の適正が期せられるとともに，養成と研修の充実が図られなければならない。

（家庭教育）

第十条　父母その他の保護者は，子の教育について第一義的責任を有するものであって，生活のために必要な習慣を身に付けさせるとともに，自立心を育成し，心身の調和のとれた発達を図るよう努めるものとする。

2　国及び地方公共団体は，家庭教育の自主性を尊重しつつ，保護者に対する学習の機会及び情報の提供その他の家庭教育を支援するために必要な施策を講ずるよう努めなければならない。

（幼児期の教育）

第十一条　幼児期の教育は，生涯にわたる人格形成の基礎を培う重要なものであることにかんがみ，国及び地方公共団体は，幼児の健やかな成長に資する良好な環境の整備その他適当な方法によって，その振興に努めなければならない。

（社会教育）

第十二条　個人の要望や社会の要請にこたえ，社会において行われる教育は，国及び地方公共団体によって奨励されなければならない。

2　国及び地方公共団体は，図書館，博物館，公民館その他の社会教育施設の設置，学校の施設の利用，学習の機会及び情報の提供その他の適当な方法によって社会教育の振興に努めなければならない。

（学校，家庭及び地域住民等の相互の連携協力）

第十三条　学校，家庭及び地域住民その他の関係者は，教育におけるそれぞれの役割と責任を自覚するとともに，相互の連携及び協力に努めるものとする。

（政治教育）

第十四条　良識ある公民として必要な政治的教養は，教育上尊重されなければならない。

2　法律に定める学校は，特定の政党を支持し，又はこれに反対するための政治教育その他政治的活動をしてはならない。

（宗教教育）

第十五条　宗教に関する寛容の態度，宗教に関する一般的な教養及び宗教の社会生活における地位は，教育上尊重されなければならない。

2　国及び地方公共団体が設置する学校は，特定の宗教のための宗教教育その他宗教的活動をしてはならない。

第三章　教育行政

（教育行政）

第十六条　教育は，不当な支配に服することなく，この法律及び他の法律の定めるところにより行われるべきものであり，教育行政は，国と地方公共団体との適切な役割分担及び相互の協力の下，公正かつ適正に行われなければならない。

2　国は，全国的な教育の機会均等と教育水準の維持向上を図るため，教育に関する施策を総合的に策定し，実施しなければならない。

3　地方公共団体は，その地域における教育の振興を図るため，その実情に応じた教育に関する施策を策定し，実施しなければならない。

4　国及び地方公共団体は，教育が円滑かつ継続的に実施されるよう，必要な財政上の措置を講じなければならない。

（教育振興基本計画）

第十七条　政府は，教育の振興に関する施策の総合的かつ計画的な推進を図るため，教育の振興に関する施策についての基本的な方針及び講ずべき施策その他必要な事項について，基本的な計画を定め，これを国会に報告するとともに，公表しなければならない。

2　地方公共団体は，前項の計画を参酌し，その地域の実情に応じ，当該地方公共団体における教育の振興のための施策に関する基本的な計画を定めるよう努めなければならない。

第四章　法令の制定

第十八条　この法律に規定する諸条項を実施するため，必要な法令が制定されなければならない。

学校教育法（抄）

昭和二十二年三月三十一日法律第二十六号
一部改正：平成十九年六月二十七日法律第九十六号

第二章　義務教育

第二十一条　義務教育として行われる普通教育は，教育基本法（平成十八年法律第百二十号）第五条第二項に規定する目的を実現するため，次に掲げる目標を達成するよう行われるものとする。

一　学校内外における社会的活動を促進し，自主，自律及び協同の精神，規範意識，公正な判断力並びに公共の精神に基づき主体的に社会の形成に参画し，その発展に寄与する態度を養うこと。

二　学校内外における自然体験活動を促進し，生命及び自然を尊重する精神並びに環境の保全に寄与する態度を養うこと。

三　我が国と郷土の現状と歴史について，正しい理解に導き，伝統と文化を尊重し，それらをはぐくんできた我が国と郷土を愛する態度を養うとともに，進んで外国の文化の理解を通じて，他国を尊重し，国際社会の平和と発展に寄与する態度を養うこと。

四　家族と家庭の役割，生活に必要な衣，食，住，情報，産業その他の事項について基礎的な理解と技能を養うこと。

五　読書に親しませ，生活に必要な国語を正しく理解し，使用する基礎的な能力を養うこと。

六　生活に必要な数量的な関係を正しく理解し，処理する基礎的な能力を養うこと。

七　生活にかかわる自然現象について，観察及び実験を通じて，科学的に理解し，処理する基礎的な能力を養うこと。

八　健康，安全で幸福な生活のために必要な習慣を養うとともに，運動を通じて体力を養い，心身の調和的発達を図ること。

九　生活を明るく豊かにする音楽，美術，文芸その他の芸術について基礎的な理解と技能を養うこと。

十　職業についての基礎的な知識と技能，勤労を重んずる態度及び個性に応じて将来の進路を選択する能力を養うこと。

第四章　小学校

第二十九条　小学校は，心身の発達に応じて，義務教育として行われる普通教育のうち基礎的なものを施すことを目的とする。

第三十条　小学校における教育は，前条に規定する目的を実現するために必要な程度において第二十一条各号に掲げる目標を達成するよう行われるものとする。

②　前項の場合においては，生涯にわたり学習する基盤が培われるよう，基礎的な知識及び技能を習得させるとともに，これらを活用して課題を解決するために必要な思考力，判断力，表現力その他の能力をはぐくみ，主体的に学習に取り組む態度を養うことに，特に意を用いなければならない。

第三十一条　小学校においては，前条第一項の規定による目標の達成に資するよう，教育指導を行うに当たり，児童の体験的な学習活動，特にボランティア活動など社会奉仕体験活動，自然体験活動その他の体験活動の充実に努めるものとする。この場合において，社会教育関係団体その他の関係団体及び関係機関との連携に十分配慮しなければならない。

第三十二条　小学校の修業年限は，六年とする。

第三十三条　小学校の教育課程に関する事項は，第二十九条及び第三十条の規定に従い，文部科学大臣が定める。

第八章　特別支援教育

第八十一条　幼稚園，小学校，中学校，高等学校及び中等教育学校においては，次項各号のいずれかに該当する幼児，児童及び生徒その他教育上特別の支援を必要とする幼児，児童及び生徒に対し，文部科学大臣の定めるところにより，障害による学習上又は生活上の困難を克服するための教育を行うものとする。

②　小学校，中学校，高等学校及び中等教育学校には，次の各号のいずれかに該当する児童及び生徒のために，特別支援学級を置くことができる。

　一　知的障害者
　二　肢体不自由者
　三　身体虚弱者
　四　弱視者
　五　難聴者
　六　その他障害のある者で，特別支援学級において教育を行うことが適当なもの

③　前項に規定する学校においては，疾病により療養中の児童及び生徒に対して，特別支援学級を設け，又は教員を派遣して，教育を行うことができる。

学校教育法施行規則（抄）

昭和二十二年五月二十三日文部省令第十一号
一部改正：平成二十年三月二十八日文部科学省令第五号

第四章　小学校

第二節　教育課程

第五十条　小学校の教育課程は，国語，社会，算数，理科，生活，音楽，図画工作，家庭及び体育の各教科（以下本節中「各教科」という。），道徳，外国語活動，総合的な学習の時間並びに特別活動によつて編成するものとする。

2　私立の小学校の教育課程を編成する場合は，前項の規定にかかわらず，宗教を加えることができる。この場合においては，宗教をもつて前項の道徳に代えることができる。

第五十一条　小学校の各学年における各教科，道徳，外国語活動，総合的な学習の時間及び特別活動のそれぞれの授業時数並びに各学年におけるこれらの総授業時数は，別表第一に定める授業時数を標準とする。

第五十二条　小学校の教育課程については，この節に定めるもののほか，教育課程の基準として文部科学大臣が別に公示する小学校学習指導要領によるものとする。

第五十三条　小学校においては，必要がある場合には，一部の各教科について，これらを合わせて授業を行うことができる。

第五十四条　児童が心身の状況によつて履修することが困難な各教科は，その児童の心身の状況に適合するように課さなければならない。

第五十五条　小学校の教育課程に関し，その改善に資する研究を行うため特に必要があり，かつ，児童の教育上適切な配慮がなされていると文部科学大臣が認める場合においては，文部科学大臣が別に定めるところにより，第五十条第一項，第五十一条又は第五十二条の規定によらないことができる。

第五十五条の二　文部科学大臣が，小学校において，当該小学校又は当該小学校が設置されている地域の実態に照らし，より効果的な教育を実施するため，当該小学校又は当該地域の特色を生かした特別の教育課程を編成して教育を実施する必要があり，かつ，当該特別の教育課程について，教育基本法（平成十八年法律第百二十号）及び学校教育法第三十条第一項の規定等に照らして適切であり，児童の教育上適切な配慮がなされているものとして文部科学大臣が定める基準を満たしていると認める場合においては，文部科学大臣が別に定めるところにより，第五十条第一項，第五十一条又は第五十二条の規定の全部又は一部によらないこと

ができる。

第五十六条　小学校において，学校生活への適応が困難であるため相当の期間小学校を欠席していると認められる児童を対象として，その実態に配慮した特別の教育課程を編成して教育を実施する必要があると文部科学大臣が認める場合においては，文部科学大臣が別に定めるところにより，第五十条第一項，第五十一条又は第五十二条の規定によらないことができる。

第八章　特別支援教育

第百三十八条　小学校若しくは中学校又は中等教育学校の前期課程における特別支援学級に係る教育課程については，特に必要がある場合は，第五十条第一項，第五十一条及び第五十二条の規定並びに第七十二条から第七十四条までの規定にかかわらず，特別の教育課程によることができる。

第百四十条　小学校若しくは中学校又は中等教育学校の前期課程において，次の各号のいずれかに該当する児童又は生徒（特別支援学級の児童及び生徒を除く。）のうち当該障害に応じた特別の指導を行う必要があるものを教育する場合には，文部科学大臣が別に定めるところにより，第五十条第一項，第五十一条及び第五十二条の規定並びに第七十二条から第七十四条までの規定にかかわらず，特別の教育課程によることができる。

　一　言語障害者
　二　自閉症者
　三　情緒障害者
　四　弱視者
　五　難聴者
　六　学習障害者
　七　注意欠陥多動性障害者
　八　その他障害のある者で，この条の規定により特別の教育課程による教育を行うことが適当なもの

第百四十一条　前条の規定により特別の教育課程による場合においては，校長は，児童又は生徒が，当該小学校，中学校又は中等教育学校の設置者の定めるところにより他の小学校，中学校，中等教育学校の前期課程又は特別支援学校の小学部若しくは中学部において受けた授業を，当該小学校若しくは中学校又は中等教育学校の前期課程において受けた当該特別の教育課程に係る授業とみなすことができる。

資料編

附 則

　この省令は，平成二十年四月一日から施行する。ただし，第五十条，第五十一条及び別表第一の改正規定は平成二十三年四月一日から，第七十二条，第七十三条，第七十六条，第百七条，別表第二及び別表第四の改正規定は平成二十四年四月一日から施行する。

別表第一（第五十一条関係）

区分		第1学年	第2学年	第3学年	第4学年	第5学年	第6学年
各教科の授業時数	国語	306	315	245	245	175	175
	社会			70	90	100	105
	算数	136	175	175	175	175	175
	理科			90	105	105	105
	生活	102	105				
	音楽	68	70	60	60	50	50
	図画工作	68	70	60	60	50	50
	家庭					60	55
	体育	102	105	105	105	90	90
道徳の授業時数		34	35	35	35	35	35
外国語活動の授業時数						35	35
総合的な学習の時間の授業時数				70	70	70	70
特別活動の授業時数		34	35	35	35	35	35
総授業時数		850	910	945	980	980	980

備考
　一　この表の授業時数の一単位時間は，四十五分とする。
　二　特別活動の授業時数は，小学校学習指導要領で定める学級活動（学校給食に係るものを除く。）に充てるものとする。
　三　第五十条第二項の場合において，道徳のほかに宗教を加えるときは，宗教の授業時数をもつてこの表の道徳の授業時数の一部に代えることができる。（別表第二及び別表第四の場合においても同様とする。）

あとがき

　本校は群馬大学教育学部の附属小学校であり，群馬大学教育学部の学生の教育実習を充実させることは，大きな使命であります。

　教育実習を通して，学生は授業や生徒理解等，教師としての基本的な資質を学び，教師になることへの希望を深めていくことになります。

　学生たちが目指す教師という職への社会からの期待は大きく，それゆえに対応しなければならない喫緊の教育課題も多いのが現代の学校です。

　このような教育の場を目指し，教育実習に取り組む学生たちに学んでほしいことを体系的にまとめ作成した「教師へのとびら　─小学校教師の基礎・基本─」を今回改訂し，平成23年度より完全実施された現行の学習指導要領及び平成27年度より使用される新教科書等も踏まえて，教科指導の内容を見直し，充実させるとともに，児童理解や生徒指導にかかる内容も新たに加えました。

　また，指導案の形式についても本校の研究の成果を踏まえ，項立てを変更するとともに簡潔に分かりやすい記述にするための内容も充実させました。

　本書は，本校の諸先輩が長年の教育実践の中から学びえた小学校教育にかかわる貴重な理論や実践を集大成した「学習指導と学級経営」「教育実践の基本とその展開」「小学校教師のための基礎・基本」「教師へのとびら　─小学校教師の基礎・基本─」を基盤としています。

　これらの40年以上の実績の上に最新の教育情報等を踏まえて編集したものであり，教師を目指している学生の学びを支える「手引書」として，また，学習指導の在り方や学級経営についてより充実した教育活動を進めようとしている先生方の「教育書」として活用することができるものと思います。

　本書が，これから教師を目指す学生や自らの実践や自校の教育実践を深めていこうとする先生方の参考にしていただければ幸いです。

副校長　上原　篤彦

執筆同人

江　森　英　世	針　谷　尚　志	近　藤　　　智
上　原　篤　彦	髙　橋　由　加	吉　井　健　人
内　田　敬　久	○森　坂　実紀人	加　藤　涼　子
大　島　　　崇	◎山　本　宏　樹	糸　井　伸　允
野　村　　　充	髙　橋　洋　介	櫻　澤　直　明
町　田　龍太郎	下　田　崇　之	岡　田　千　穂
脇　屋　和　音	谷田部　喜　博	吉　田　恵　一
○中　原　靖　友	星　野　浩　章	小　杉　　　健
芹　澤　嘉　彦	豊　岡　大　画	中　里　真　一
小　暮　忠　史	天　田　有　美	◎は改訂委員長，
髙　橋　　　学	関　　　貴　充	○は改訂委員

新 教師へのとびら　小学校教師の基礎・基本

2015年（平成27年）3月25日　初版発行

編　著　者　群馬大学教育学部附属小学校教育研究会
発　行　者　佐々木秀樹
発　行　所　日本文教出版株式会社
　　　　　　http://www.nichibun-g.co.jp/
　　　　　　〒558-0041　大阪市住吉区南住吉4-7-5　TEL：06-6692-1261

デ ザ イ ン　日本ハイコム株式会社
印刷・製本　日本ハイコム株式会社

©2015 gunmadaigakukyouikugakubufuzokusyougakkoukyouikukenkyuukai All Rights Reserved.
ISBN978-4-536-60077-4　Printed in Japan

定価はカバーに表示してあります。本書の無断転載・複製を禁じます。
乱丁・落丁は購入書店を明記の上，小社大阪本社業務部（TEL：06-6695-1771）あてにお送りください。送料小社負担にてお取り替えいたします。